AF401771

parfaitement. On rit, il est vrai, de leurs expressions bour-
geoises, mais on partage leurs sentiments, on se met de leur
côté, et elles déploient plus d'esprit que Dorante et Dorimène.
Une preuve certaine que Molière n'a point cherché à modifier
le caractère odieux de Dorante, c'est qu'à la première repré-
sentation de la pièce tous les courtisans s'élevèrent contre
l'impertinence de l'auteur, qui, disoient-ils, avoit osé faire
jouer un rôle si odieux à un gentilhomme. Il fallut que
Louis XIV parlât pour faire cesser cette rumeur. Rousseau,
en attaquant sans réflexion cette conception si heureuse, n'a
pas aperçu l'art que l'auteur a employé pour ne pas tomber
dans l'inconvénient qu'il lui reproche. Si, dans les farces du
quatrième et du cinquième acte, M. Jourdain eût été bafoué
par Dorante et par Dorimène, peut-être auroit-on été fondé à
dire que la dupe étoit trop sacrifiée au fripon. Mais c'est le
véritable honnête homme de la pièce, c'est Cléonte, dont les
sentiments sont pleins de noblesse et de générosité, c'est lui
qui imagine et exécute cette plaisanterie. Trop forte dans tout
autre sujet, elle devient excusable dans celui-ci, parce que
c'est l'unique moyen qui reste à Cléonte pour obtenir la main
de sa maîtresse.

L'exposition du Bourgeois gentilhomme est digne des
meilleures pièces de Molière. Le maître de danse et le maître
de musique donnent l'idée la plus juste du caractère de
M. Jourdain : leur vanité et leurs prétentions sont déve-
loppées avec beaucoup d'art; et l'on remarque, ce qui est un
excellent trait de comédie, que celui dont la profession est la
plus frivole, le maître de danse, a beaucoup plus d'orgueil
que l'autre : il affecte un désintéressement très-comique, et se
met au rang des premiers artistes.

Molière ne manque pas de suivre et de développer cette idée

# DU
# SYSTÈME PERMANENT
# DE L'EUROPE

## A L'ÉGARD DE LA RUSSIE

ET DES

### AFFAIRES DE L'ORIENT.

# Extrait du Catalogue de la Librairie

## DE PICHON ET DIDIER.

---

**OEUVRES POLITIQUES DE M. DE PRADT**, ancien archevêque de Malines, 25 vol. in-8°. Paris, 1828.. 158 fr.

Sentinelle vigilante, en permanence pour ainsi dire sur un point de vue qui domine les deux hémisphères, M. de Pradt examine d'un œil attentif les diverses nations du monde; il suit les peuples naissans dans leurs directions progressives, les peuples anciens dans leur décadence ou leurs révolutions; il indique a chacun d'eux la marche qu'il doit tenir, et leur prédit, par la force de sa raison pénétrante, l'avenir qui les attend. Presque toujours ses vues profondes et sûres ont influé heureusement sur la conduite des gouvernemens a l'égard des peuples dont il s'est occupé Les colonies d'Amérique, entre autres, doivent au zèle de ce publiciste philanthrope leur reconnaissance par les états européens La Grèce aussi, cette source féconde et trop long-temps oubliée de tout ce qu'il y a de beau dans le monde, aura dû aux nobles efforts de son génie étincelant une partie des biens qu'elle est sur le point d'obtenir.

Les ouvrages de cet homme célèbre, qui ne voit sur la terre qu'une grande famille dont il est un des flambeaux, sont partout a leur place; nulle part ils ne sont étrangers; partout ils sont utiles, dans le nouveau Monde comme dans l'ancien.

**DE LA RELIGION**, *considérée dans sa source, ses formes et ses développemens;* par M. Benjamin-Constant, 4 vol. in-8°. Paris, 1827 et 1828......................30 fr.

Cet ouvrage, l'un des plus remarquables qui ait paru depuis bien des années, pourra bientôt être jugé dans toutes ses parties et dans son ensemble. Le quatrième volume est sous presse, et terminera cette série de recherches profondes, présentées avec une clarté et une élégance de style qui manquent d'ordinaire aux compositions de nos érudits. Le système de l'auteur est neuf, surtout en France. Il consiste a prouver que la religion, comme toutes les choses qui se rapportent à l'homme, se modifie suivant les époques, s'épure, et se perfectionne proportionnellement avec l'état des lumières; qu'en conséquence, bien que le fond de la religion soit immuable, ses formes doivent changer, et que c'est un grand malheur pour un peuple, quand sa religion est en arrière de ses progrès à d'autres égards.

L'ouvrage de M. Benjamin Constant sera d'un grand secours à la cause de l'indépendance politique et intellectuelle, a celle des peuples et à celle des rois. Il démontre, par les faits du passé, combien sont fondées les craintes pour l'avenir. La voix des faits est plus puissante que celle des raisonnemens, les prévoyances acquièrent une double force, quand elles ont en leur faveur l'histoire elle-même.

**LETTRES DE JUNIUS**, traduites de l'anglais, avec des notes historiques et politiques, par M. Parisot, 2 vol. in-8°. (nouv. édition). Paris, 1828.................. ...........12 fr.

Productions du génie d'un habile et courageux défenseur des libertés anglaises, et consacrées, en grande partie, à la discussion des principes constitutionnels, c'est surtout à cette époque qu'on peut espérer de les voir naturaliser en France.

Sous le rapport littéraire, les *Lettres de Junius* offrent un modèle exquis de la manière d'écrire sur la politique. Le style en est plein de force et de concision; il est clair, pur et élégant, Si l'on envisage ces lettres sous un point de vue plus élevé, elles contiennent une foule de maximes politiques d'une haute importance, et que ne peut trop méditer tout ami de son pays et de la liberté.

M. Parisot, sans contredit notre meilleur traducteur, nous a fait passer sa version comme si nous avions l'original sous les yeux. Cet avantage doit être apprécié des lecteurs. (*Journal des Débats.*)

# DU

# SYSTÈME PERMANENT

# DE L'EUROPE

## A L'ÉGARD DE LA RUSSIE

ET DES

## AFFAIRES DE L'ORIENT;

**PAR M. DE PRADT,**

ANCIEN ARCHEVÊQUE DE MALINES.

Tout fléchit sur la terre et tout tremble sur l'onde,
Et Rome (*lisez* Pétersbourg) est aujourd'hui la maîtresse du monde.
CORNEILLE, *Tragédie de Nicomède.*

# PARIS,

## PICHON ET DIDIER,

LIBRAIRES-COMMISSIONNAIRES, SUCCESSEURS DE BÉCHET AÎNÉ,
QUAI DES AUGUSTINS, N° 47.

# 1828

IMPRIMERIE DE HUZARD-COURGIER,
rue du Jardinet, n° 12.

# PRÉFACE.

Il y a environ cent ans que Montesquieu (1)
mettait dans la bouche de voyageurs qu'il a
rendus célèbres, ces prophétiques paroles :
« J'ai vu avec étonnement la faiblesse de l'em-
» pire des Osmanlis; ce corps malade ne se
» soutient pas par un régime doux et tem-
» péré, mais par des remèdes violens qui l'é-
» puisent et le minent sans cesse. Les pachas,
» qui n'obtiennent leurs emplois qu'à force
» d'argent, ravagent les provinces comme des
» pays de conquête ; une milice insolente n'est
» soumise qu'à ses propres caprices; les places
» sont démantelées, les villes désertes, les
» terres et le commerce entièrement aban-
» donnés. Ces barbares ont tellement aban-
» donné les arts, qu'ils ont négligé jusqu'à
» l'art militaire ; ils croient faire grâce aux
» négocians étrangers que de leur permettre

_______

(1) Lettres Persannes.

a

» qu'ils les enrichissent. Smyrne est la seule
» ville de leurs possessions d'Asie qu'on puisse
» appeler une ville riche et puissante; il ne
» tient pas aux Turcs qu'elle ne ressemble à
» toutes les autres. » Ailleurs, le même
homme dit encore : *Les Turcs et les Espa-*
*gnols sont les deux peuples de la terre les*
*plus propres à posséder inutilement de grands*
*empires.* De part et d'autre, que manque-t-il à
l'accomplissement de la prophétie? Voilà l'Espagne sans l'Amérique, et un empereur de
Russie franchissant le Danube et s'avançant à
la tête d'un peuple armé, dans cette route
ambitieuse et menaçante dont l'altière Cathe-
rine avait placé le premier jalon dans la direction de Byzance. Si la Russie le veut, c'en
est fait de l'empire Ottoman : il n'est guère à
regretter pour lui — même, quoique la diplomatie européenne l'ait proclamé *une nécessité*
*de l'Europe.* Mais il faut voir plus loin, et regarder aux conséquences des scènes qui se
passent de ce côté.

Dans ce moment, l'effort de la puissance
russe se porte vers la Turquie, mais c'est
pour revenir sur le corps de l'Europe avec
une nouvelle force; car rien n'est isolé dans
ce qui fortifie ou qui affaiblit un empire.
Quand la Russie aura pris tous ses avantages

sur la Turquie, elle en sera plus forte contre l'Autriche, contre la Prusse, contre tout le monde : déjà elle l'est beaucoup trop, que sera-ce si de nouveaux accroissemens viennent ajouter aux proportions de ce colosse ? Le moment nous a donc paru arrivé et opportun pour indiquer à l'Europe sa position véritable, et le remède qu'elle comporte. En cela, nous ne faisons que donner suite à ce que nous avons annoncé dès l'époque du congrès de Vienne. Dès lors nous voyions clairement ce qui se passe aujourd'hui; dès lors apparurent deux maîtres en Europe, l'Angleterre et la Russie, mais avec cette différence, que le pouvoir de l'une ne porte que sur la richesse, tandis que celui de l'autre atteint l'existence même (1). Interdire la mer appartient, il est vrai, à l'Angleterre, mais saisir corps et biens sur le continent, est dévolu à la Russie; l'Angleterre peut imposer des privations et des gênes momentanées par le retrait de l'usage de la mer; mais armée d'un pouvoir plus redoutable, la Russie peut étendre la main également sur tout ce qui lui convient, comme sur tout ce qui lui déplaît. Qui peut l'en empêcher, immense,

----

(1) *Voyez* l'écrit intitulé : *Parallèle de la puissance russe et anglaise,* par M. de Pradt.

inattaquable, irrésistible telle qu'elle l'est ? Arrivée à ce degré de pouvoir, par lui la Russie a partagé l'Europe en deux parties, l'orient et l'occident de cette contrée. Toute la première partie appartient à la Russie, et cet aspect tient la seconde partie comme en état de blocus par la première. On vient de le voir, la Russie a fait un mouvement, l'O-rient a tremblé, l'Occident a été ébranlé ; en quelques lieux, on a cru à la nécessité d'un redoublement d'armement. A ces signes trop certains, qui peut méconnaître l'ascendant que la Russie a pris sur l'Europe ? ne se marque-t-il pas en tout ? cette attention inquiète à pressentir, à prévoir tous les mouvemens de ce pouvoir exorbitant, n'en est-elle pas la preuve ? Est-ce bien de l'indépendance réelle que cette obséquiosité à l'égard de la Russie, qui se fait sentir en tout ? Une attitude crain-tive ou de courtisan, envers elle, n'est-elle pas adoptée généralement ? Quelques nuances peu-vent se faire remarquer dans les formes chez quelques-uns, mais le fond est à peu près le même pour tout le reste. En présence d'un pouvoir aussi démesuré, on peut dire que les libertés publiques de l'Europe ne sont plus qu'un vain mot, quant au fond même des choses. La considération de cet état nous a vivement frappé; elle nous a inspiré cet écrit; la nature même du sujet en a indiqué la division.

La première partie comprend tout ce qui est propre à constater cet état de l'Europe, ainsi que l'amendement dont il est susceptible. Cette partie est permanente, comme le sujet auquel elle se rapporte. La seconde, relative aux affaires actuelles de l'Orient, se rapproche des ouvrages de circonstances; car ses élémens sont susceptibles de variations, tandis que tout est fixe dans la première partie. Celle-ci renferme de plus deux vues nouvelles, qui résultent de l'étendue et de l'affermissement de la puissance russe vers le Midi. Il est évident que cet accroissement, propre à donner un prodigieux développement à la civilisation et au commerce de la Russie, attirera le gouvernement russe dans cette direction, ainsi que toutes les marines de l'Europe dans la mer Noire. De là naîtra un embarras, source inévitable de quelque révolution, par l'impossibilité de concilier un très grand mouvement de commerce, entretenu par toutes les marines des deux mondes, avec la présence du Sultan à Constantinople, comme avec l'occupation du Bosphore et des deux rives des Dardanelles par les Turcs. Les choses qui avaient créé

cette occupation, et qui la rendaient inoffen-
sive, ont fait place à d'autres choses qui ne
peuvent plus les tolérer. Une Russie civilisée,
commerçante, une Europe associée à ce commerce, aux effets de cette nouvelle civilisation, ne peuvent pas s'accommoder de ce qui
existait lorsque la Russie restait encore en dehors de la civilisation, et lorsque les routes de
la mer Noire n'étaient pas fréquentées.

Un nouvel ordre de choses s'est établi, il
faut donc que tout le reste y corresponde.
C'est avec le sentiment de ce changement que
nous avons écrit, comme d'après la considération des conséquence qu'il ne peut manquer
d'avoir. Nous ne craignons pas qu'aucun esprit raisonnable nous accuse de sonner le tocsin en Europe ; ce n'est pas d'un tocsin d'hostilité qu'il s'agit, mais d'un tocsin de précaution et de prudence, et celui-ci est dans le
droit et dans la raison humaine. S'unir en vue
de préservation contre le fort, est le droit des
faibles ; car c'est leur nécessité, et la nécessité est mère de droit. La position violente
dans laquelle la prépotence de la Russie a mis
l'Europe a donné à celle-ci le droit de remonter, en vue de salut, aux principes de
l'ordre social, et ces principes consacrent la
légitimité de l'union des faibles pour se pré-

server des atteintes du trop puissant. Lorsque la maison d'Autriche laissait percer des idées de monarchie universelle, on s'unit contre elle ; trois fois l'Europe mit ses forces en commun contre les grandeurs de Louis XIV (1); pendant quatorze ans elle s'est coalisée contre les modernes grandeurs de la France ; pour venger ou garantir son indépendance, elle n'a pas reculé devant les chances les plus dures de la guerre. Ici, l'on n'invoque pas le recours à de pareilles extrémités, on se borne à réclamer la formation d'une défensive assez forte pour garantir à chacun ce qu'il a de liberté et de propriétés : l'ambition la plus bornée ne peut pas descendre plus bas.

Me pardonnera-t-on ce rapprochement : la grandeur démesurée d'un souverain nuit à la considération des souverains inégaux en pouvoir, comme le pouvoir matériel rabaisse les autres pouvoirs de même nature qui lui sont inférieurs ; par cette élévation de l'un sur les autres, ceux-ci n'ont guère plus l'air que de

---

(1) C'est un beau morceau d'histoire que celui de l'opposition de l'Europe contre Louis XIV, sous l'inspiration du roi Guillaume. Burke a tracé un admirable tableau du caractère que ce prince déploya pour former la ligue contre la succession d'Espagne.

ses courtisans ou de ses satellites : une existence trop inférieure est une éclipse réelle.
Nous sortons de le voir; qu'étaient une partie
des souverainetés de l'Europe au temps de Napoléon? Dans cette Europe, qui a fini par humilier Louis XIV, n'a-t-on pas long-temps, en
parlant de lui, usé du mot *le roi* (1). Attendre
ou craindre le mot d'ordre d'un autre n'est plus
régner; cette subordination ne s'accommode
pas avec les hautes idées que rappelle le nom
de royauté. Celle-ci, dans sa position nouvelle,
doit y regarder de près, et ne pas perdre de
vue les échecs qu'elle a reçus depuis quarante
ans, la pente des esprits vers une participation
au pouvoir, les dépréciations que les trônes
éprouvent en Espagne et en Portugal, et, ce
qui comble tout, l'érection de sept nouveaux
autels à la liberté, comme base essentielle et

_____________

(1) A la mort de Louis XIV, ce qu'il y avait alors de
gazettes annonça cet évènement dans ces termes : *le roi
est mort*. L'Europe ne demanda pas de qui elles enten-
daient parler. Dans ces derniers temps, elle savait très
bien qui désignait le nom d'empereur. C'est ainsi que,
par antonomase, les anciens appelaient Rome *la ville*.
Prenons garde qu'en continuant comme on le fait, il
n'y ait aussi, pour désigner les souverains de la Russie,
lieu à antonomase, et que l'on ne sache trop distinctement de qui l'on parlera lorsqu'on dira *l'empereur*.

naturelle de l'ordre social, placés sur les rivages de l'Amérique, en regard des royautés européennes. Si à ces causes d'affaiblissement vient encore se joindre une inégalité trop frappante avec la souveraineté de la Russie, alors ce serait comme aux temps anciens, où l'Asie avait conféré le titre de grand roi aux monarques de Perse, dont les grandeurs effaçaient toutes celles des princes de la même contrée. On vit encore les petits rois d'Asie venir briguer le titre d'alliés du peuple romain : Cicéron a consacré ces outrages faits à la royauté, en disant : *Je reçois les remerciemens de princes pour les avoir faits rois, que je ne savais seulement pas qu'ils fussent au monde.* L'empereur de Russie prend le titre d'*autocrate* sur ses terres et sur ses sujets; encore quelques pas, et il pourra en étendre beaucoup l'application. Alors, ce que l'on pourra tenter pour arrêter ce pouvoir, ressemblera beaucoup aux fanfaronnades que Corneille a mises dans la bouche d'un de ces héros, qui, avec quelques provinces d'Asie, parlait de borner le cours des grandeurs romaines (1). Il ne faut pas perdre de vue la singulière complication que présente la guerre actuelle de l'Orient; l'Histoire n'offre pas

---

(1) *Nicomède.*

d'exemple d'un pareil *embroglio*. 1° La Russie fait deux guerres à la fois, une guerre personnelle contre la Turquie, et une guerre d'alliance pour la Grèce, concurremment avec la France et l'Angleterre. 2° Le Sultan fait une autre guerre que celle qu'on lui fait. Les alliés assignent un but et des limites à leur guerre ; le Sultan veut la guerre avec toutes ses chances, une guerre pour l'existence même, une guerre à outrance. On lui demande une province, il joue son empire ; on réclame de lui des garanties, il répond qu'il y a inimitié naturelle entre lui et ses adversaires, et que ceux - ci nourrissent dès long-temps le projet de le détruire. 3° En cas de quelque écart ambitieux de la part de la Russie, les alliés d'aujourd'hui, demain seront ennemis, et, réunis pour affranchir la Grèce, ils peuvent se combattre pour empêcher sur la Turquie des empiétemens qui les rendraient esclaves de la Russie. Tel est l'état réel des choses ; comme l'on voit, elles sont pleines d'obscurité et de dangers. Ce ne sera pas en détournant la tête pour ne pas apercevoir ce danger, qu'on l'annulera ; la prévoyance et la virilité sont seules de mise dans cette grave circonstance. La Russie fait ses affaires, l'occident de l'Europe doit aussi faire les siennes. En 1772, on laissa faire les trois puissances co-

partageantes de la Pologne ; on retrouve aujourd'hui les effets de cette tolérance ou de
cette distraction. Les embarras actuels datent
de là, car c'est ce partage qui a amené la Russie
sur le centre de l'Europe : s'il y avait eu quelque prévoyance à Berlin, à Vienne, au lieu
de se réunir pour partager la Pologne, on se
serait réuni avec elle pour empêcher que la
Russie n'en prît un village. La Pologne était
le mur de séparation entre l'orient et l'occident
de l'Europe ; il était bien évident qu'abattre ce
mur était mettre en contact, c'est-à-dire en col-
lision, les deux grandes divisions de l'Europe,
et, par une conséquence inévitable, créer entre
elles, comme il arrive toujours entre puissances
égales et voisines, des inimitiés que l'on peut
appeler élémentaires. Aussi qu'est-il arrivé ?
Voilà la Russie imposant son lourd fardeau sur
tout l'occident de l'Europe ; elle seule occupe
la scène active de cette contrée, tout le reste,
comme au théâtre, est au *parterre*. Une bonne
parole de *l'empereur Nicolas* est recueillie
comme un baume précieux, propre à calmer
tous les ombrages ; on s'accorde à laisser faire
qui parle si bien, qui est doué de la tranquil-
lisante vertu de la modération. Pendant ce
temps, la Russie perd-elle ou gagne-t-elle ? ses
armes prévalent-elles ? sa force s'accroît-elle ?

Voilà toute la question. Voilà aussi le point où nous l'avons prise, et le jour sous lequel nous avons cru utile de la montrer : en cela, nous avons rempli un devoir; qu'à leur tour ceux qui ont le pouvoir fassent le leur (1).

---

(1) Il faut rendre justice au ministère actuel de la France; il n'a pas manqué à l'Europe, à la France, à lui-même, dans cette circonstance; il n'a pas imité le cabinet de Versailles, de 1772. En demandant un crédit correspondant aux nouveaux armemens de terre et de mer que les circonstances peuvent exiger, le ministère a montré de la virilité, de la prévoyance, il a tracé la route aux autres cabinets. Dans l'argumentation qu'il a eu à soutenir, il s'est montré très supérieur à ses adversaires. *Plaisante manière d'arrêter l'essor de la Russie, que de refuser le budget!* Le droit de refuser le budget n'est pas encore bien éclairci parmi nous; il y a dans cette question quelque chose qui dépasse ce qui a été dit ou montré. L'Europe recevra un secours à peu près aussi efficace des opinions qui établissent qu'il faut se borner à contempler les embarras de l'Autriche à l'égard de la Russie, en mémoire du mal que celle-là nous a fait, et de l'illibéralisme de M. de Metternich. Il ne manquera rien à la défense de l'Europe avec de pareilles idées et de pareils hommes d'état.

# AFFAIRES D'ORIENT.

## PREMIÈRE PARTIE.

### CHAPITRE PREMIER.

*Les deux maîtres en Europe.*

L'Angleterre règne sur la mer, la Russie sur la terre : tel est le partage actuel du monde. Où se trouve le domaine des autres? La coalition de toutes les marines de l'Europe ne serait qu'un sujet de triomphe pour l'Angleterre : cet assemblage incohérent ne pourrait pas même se former; à plus forte raison serait-il incapable d'atteindre l'Angleterre. Celle-ci tient cet avantage de sa position centrale entre le nord et le midi, position qui la rend maîtresse des passages par lesquels la réunion devrait être faite; avantage fortifié par l'occupation de Gibraltar et de Héligoland, qui lui donnent les clefs de la Méditerranée et de la Baltique. D'un autre côté, la coalition de tous

les bataillons de l'Europe ne pourrait pas re-
fouler la Russie à quelque distance de sa frontière, ni créer un intermédiaire protecteur entre
elles deux : sur les deux élémens, un système
négatif, une défense par alliance est donc la seule
ressource qui reste encore aux libertés très affaiblies de l'Europe; fortune bien mince, apanage triste, mais dont il faut savoir se conten-
ter, et qu'il faut savoir défendre, car la destinée
ne permet pas d'aspirer plus haut.

Cette vérité est affligeante, mortifiante même,
nous le sentons! Prouvons qu'elle n'est pas une
fiction, un jeu d'esprit, ni une alarme vaine;
nous ne croyons pas avoir besoin d'éloigner
l'idée d'une mortification intentionnelle envers
qui que ce soit.

1°. Formation systématique de la domination de l'Angleterre sur les mers.

Il est des choses que l'on ne peut montrer
que la carte à la main : prenons donc la mappemonde, car c'est sur cette échelle que, dans
cette cause, il faut tout mesurer. Nous allons
y voir distinctement le réseau dans lequel l'Angleterre a enveloppé le littoral de tout l'univers.

Le premier anneau de ce redoutable filet est
attaché à Héligoland. De ce point, l'Angleterre

bloque à la fois le Sund, la Baltique et les trois marines du nord. Que ces marines s'avisent de défiler devant ce passage, et vous verrez si leur course ne va pas se terminer, dans quelques jours, aux prisons de Portsmouth et de Plymouth; c'est là qu'elle ne peut manquer d'aboutir. Cette occupation d'Héligoland fut un coup de partie pour l'Angleterre; elle l'a affranchie des inconvéniens attachés aux croisières dans la Baltique, mer sauvage où elle manquait d'abris et de relâches; elle n'a plus besoin d'aller bloquer Revel, Cronstadt, Copenhague; elle n'a qu'à attendre les escadres qui déboucheraient de la Baltique. De plus, à Héligoland, l'Angleterre domine l'embouchure de l'Elbe et du Veser, ces deux grandes artères du commerce de l'Allemagne; plus au nord encore, l'Angleterre s'est assurée des Orcades, d'où elle surveille tout ce qui pourrait lui échapper à Héligoland, et tenterait de se dérober au passage de la Manche : c'est là où se trouve le centre de sa puissance, et qui pourrait se flatter de l'y braver impunément. Le temps où les Tromp, les Ruyter remontaient jusqu'au pont de Londres n'est plus : celui même où les flottes combinées fatiguèrent de leur masse inutile les mers d'Irlande et d'Angleterre, est déjà loin. Il n'y a plus d'*invincible armada* que pour l'Angleterre. Suivons-la dans la formation systématique de sa domination ; les élémens en ont été judicieusement calculés. La population de l'Angleterre n'est pas très nombreuse ; son militaire de terre ne peut que lui être proportionné, et par conséquent faible, et moins nombreux que celui des grandes puissances continentales. Qu'a donc fait l'Angleterre ? elle a recherché la possession de ces points fortifiés par la nature, que l'on garde à peu de frais, et dont les flottes peuvent toujours interdire l'approche. Ainsi elle s'est établie à Gibraltar, d'où elle domine l'entrée de la Méditerranée ; à Malte, d'où elle coupe en deux cette mer, et surveille la côte d'Afrique ; à Corfou, d'où elle règne sur l'Adriatique. Voilà pour l'Europe. A Sainte-Hélène, l'Angleterre étend un bras vers l'Amérique, un autre vers l'Afrique, et peut porter la main sur tout ce qui aborderait d'un côté ou de l'autre. Au cap de Bonne-Espérance, combiné avec l'Ile-de-France, elle intercepte tout passage vers l'Orient. Sur la côte de Malabar, elle s'est fait adjuger quelques établissemens portugais ; elle a pris Ceylan sur la Hollande, elle a élevé un empire immense dans l'Indostan. Du haut de l'Amérique du nord, elle a formé une chaîne semblable jusqu'à la côte ferme, qu'elle serre de bien près par l'occupation de l'île de la Trinité, et pour s'affranchir de la possibilité même d'une attaque, en restituant la Martinique à la France, elle a eu le soin de se réserver l'île de Sainte-Lucie, qui annule la première sous les rapports militaires. Par là, la Martinique n'est plus pour la France qu'un champ de sucre ou de café qu'elle achète fort chèrement, et un mince débouché pour son commerce. Qui pourrait arracher à l'Angleterre la moindre partie de cet opulent mobilier ? Que l'on compare le nombre des vaisseaux européens avec celui des vaisseaux de l'Angleterre, l'art de les diriger respectivement, l'unité des intérêts d'un côté, la divergence de l'autre, la faculté de se réunir et de se réparer, et l'on reconnaîtra quelle immense supériorité la puissance navale de l'Angleterre possède sur toutes celles de l'Europe, soit à part, soit ensemble. On peut se réunir contre la Russie, mais on est impuissant à le faire contre l'Angleterre. Si elle ne peut rien contre le continent, à son tour le continent ne peut rien contre elle. Il faut attendre les grands jours de l'Amérique : là se trouveront les vengeurs, les libérateurs de l'Europe. On peut étendre à cette dernière

contrée ce que lord Liverpool a dit de la marine et des colonies françaises : *C'est l'affaire
de quinze jours pour l'Angleterre.* Celle-ci s'est
fièrement et noblement interposée entre l'Europe de la sainte alliance , et l'Amérique
émancipée : en cela elle obéissait à ses intérêts commerciaux ; mais il semble qu'en cela
aussi, dans un avenir moins lointain qu'on ne
pense, elle jouait le rôle qui convenait à l'Europe, et que celle-ci prenait pour elle celui
qui convenait à l'Angleterre. Ce n'est pas la
première ni la dernière fois qu'on aura vu et
qu'on verra de pareilles méprises.

2°. Formation systématique de la puissance
russe.

Prenons de nouveau la mappemonde : les
cartes ordinaires de Géographie ne suffisent
plus à l'appréciation des masses de puissance
formées par la Russie et l'Angleterre ; on dirait
le monde partagé entre elles, et tout le reste
vivant de leurs rebuts.

Où commence la Russie ? A la muraille de
la Chine ! Où finit-elle ? A 5o lieues de Vienne
et de Berlin ! Où s'appuie-t-elle ? A droite, au
pôle ; à gauche, à la mer Noire et à la mer
Caspienne. Se trouve-t-il quelque lacune,
quelque enclave étrangère, quelque voisinage

inquiétant dans cette enceinte, ou sur ses flancs ? Non : tout est ami, contigu, du même sang, du même culte, des mêmes lois, de la même obéissance (1). Gardez de mépriser les domaines asiatiques de la Russie; ils ne lui coûtent rien, ils lui rendent des hommes et des richesses; la civilisation commence à les atteindre, à mettre en valeur leurs produits naturels; c'est avec eux que le comte Dimidoff établissait à la fois de grandes exploitations en Crimée, et faisait travailler les artistes de Rome et de Paris. Toutes les forces de la Russie sont donc disponibles sur son front occidental, et placées en regard de l'Europe : cinquante millions d'hommes peuplent cette immense en-

---

(1) On ne tient pas compte des mahométans qui vivent sous l'empire russe. La masse de la population suit le rit grec; la partie de la Pologne qui appartient à la Russie compte beaucoup de catholiques; ils font partie de la population que nous assignons à la Russie. Les peuplades reculées de cet empire, vers la Tartarie ou le nord de l'Asie, sont composées d'idolâtres; le recensement n'en est pas fait d'une manière certaine, et n'est pas susceptible de l'être, parmi ces hordes errantes; il n'est d'ailleurs d'aucun intérêt dans l'état de ces peuples.

ceinte. Qui peut assigner le point où cette population s'élèvera? Elle s'accroît en tout pays
par les progrès de l'art sanitaire, par ceux
des arts, du commerce, des communications
entre les peuples. La Russie prendra sa part dans
l'accroissement commun, et dans une propor-
tion bien plus grande que les autres, car elle
n'éprouvera aucune des gênes qui l'arrêtent
chez les nations formées depuis plus long-
temps. Chez celles-ci, les espaces ne sont pas
vides comme en Russie, et les moyens de subsistance, la plus effective de toutes les causes
de population, n'y abondent pas comme ils le
font en Russie, par la prodigieuse abondance
du bétail, du gibier et du poisson. La Russie
jouit de tous les avantages dont sont privés les
anciens états de l'Europe, dans lesquels les espaces sont occupés par la population et par les
cultures destinées à sa subsistance. On a cal-
culé l'époque à laquelle les États-Unis d'Amé-
'rique posséderaient une population de cent
vingt millions d'habitans; la progression a
même dépassé les prévisions. Pourquoi, dans
un temps donné, la Russie ne s'élèverait-elle
pas au même degré, car elle possède des élémens parfaitement semblables et égaux à ceux
qui promettent aux États-Unis ce rapide accrois-

sement? La faculté de nourrir sa famille est la limite de la population; c'est elle qui, dans les états peuplés, réduit les mariages à un si petit nombre. Mais il faudra un long cours de siècles pour que cette limite soit atteinte en Russie, comme en Amérique; elle se peuplera donc à l'infini, et les empereurs futurs de la Russie sont destinés à étendre leur sceptre sur un nombre de têtes plus grand que celui des sujets qu'ait jamais comptés aucun souverain. En rapprochant les élémens de la puissance russe de ceux de l'empire romain, on trouve qu'elle le dépasse de beaucoup en étendue, en homogénéité de territoire, de mœurs, de langage, de lois. Rome avait des sujets, mais la Russie a des Russes, enfans du sol de la Russie, attachés à elle par nature, tandis que les sujets de Rome ne l'étaient que par la force; les Russes sont liés entre eux par une communauté d'origine et de mœurs, de langage et de lois, tandis que les peuples asservis par Rome n'avaient aucun lien entre eux, sous les mêmes rapports, ou plutôt sous aucun rapport. La réunion de ces attributs donne à la Russie des principes de force immenses par eux-mêmes, et contre l'Europe, quand il lui plaira d'en user. Le pouvoir est créé, et cela est tout. L'usage dépend des hommes et du temps; mais le penchant des premiers est d'en jouir, et la tendance du second de l'aggraver. Si le continent possédait un pouvoir équivalent, on apercevrait un point d'arrêt; mais il en est dépourvu, et ses ressources doivent être puisées dans un ordre que la raison indique, mais qui, étant artificiel, ne présente pas la même force de résistance qu'aurait un moyen naturel. La Russie s'est avancée vers le continent par une marche aussi systématique que celle suivie par l'Angleterre pour s'affermir sur toutes les mers. La Russie a mis cent ans à dépouiller la Suède et la Turquie. Ici nous ne parlerons pas de la Perse, qu'elle a aussi mis cent ans à ronger. Bornons-nous à l'Europe. Pierre-le-Grand trouve la Russie des anciens czars; c'est encore la Moscovie; le nom est à peine fixé en Europe. Pierre commence par s'établir sur la mer d'Azoff; voilà pour le sud. Au nord, il enlève à la Suède l'Ingrie et la Livonie; il fait sortir Pétersbourg d'un cloaque fangeux; c'est une création anti-suédoise. Il dispose de la couronne de Pologne; voilà la Russie entrée dans les affaires de l'Europe. Ses successeurs marchent d'envahissement en envahissement; trois partages leur donnent les deux tiers de la Pologne ; trois guerres leur donnent la Crimée, la Bessarabie ; la Finlande complète l'empire au nord, et le Congrès de Vienne la place en regard et en contact avec l'Allemagne. Par l'occupation de l'île d'Aland, Stockholm est serré de près et surveillé strictement, même d'une manière menaçante. Par la dernière paix avec la Perse, cet état est annulé : le sophi n'est plus à la Russie que comme les nabads, que l'Angleterre tolère dans l'Inde, sont encore pour elle. Par cette même paix, la Turquie d'Asie est ouverte aux armes russes, et la mer Noire est circonvenue. Ainsi a marché la Russie, pour se débarrasser de tous les obstacles, et pour arriver graduellement en face de l'Europe occidentale. L'y voilà arrivée ; elle est à la fois aux portes de Berlin et de Vienne ; aucun obstacle sérieux ne la sépare de ces deux capitales des états qui peuvent seuls lui offrir quelque résistance. La position d'une d'entre elles est aggravée par une circonstance singulière. Un tiers de la monarchie prussienne est comme placée sur les derrières de la Russie ; elle est plus en Russie qu'en Prusse : ainsi tout le territoire prussien qui s'étend depuis l'Oder jusqu'à Memel, le long de la Baltique, ne tient pas au corps de la monarchie, et dans toute guerre il en reste séparé : la défensive de la Prusse ne peut commencer qu'à l'Oder ; par conséquent la Prusse proprement dite et le duché de Posen tombent aux mains des Russes, au premier coup de canon. Les armées russes sont si nombreuses qu'elles suffiraient à la fois à marcher en avant et à saisir tout ce qui serait sur leurs derrières. Jamais la Prusse ne ferait la faute d'engager une armée dans ses domaines au-delà de l'Oder, ce serait l'exposer à la captivité : la Russie a une flotte dans la Baltique, et la Prusse en manque. Cette considération maîtrisera toujours le cabinet de Berlin, le rendra timide et obséquieux envers la Russie, et ôtera toute énergie à son action. La vue de cette perte retiendra au fond de son cœur les vœux dont l'accomplissement lui serait le plus salutaire, et la crainte le détournera de travailler franchement à leur accomplissement.

On dirait qu'un mauvais génie s'est attaché à affaiblir la Prusse, qu'il fallait au contraire fortifier à mesure que la Russie s'approchait. Au lieu de cela, loin de travailler à la rendre plus forte en la rendant compacte, en rapprochant d'elle ses diverses parties, on les a séparées en lui donnant le grand-duché du Rhin ;

il est arrivé de là, 1° qu'il y a eu trois Prusses, l'une en Pologne, l'autre en Allemagne, la troisième entre l'Allemagne et la France; 2° que les trois Prusses, à défaut de liaison, n'en ont pu faire qu'une Prusse affaiblie; 3° que d'alliée naturelle de la France qu'était la Prusse en Allemagne, loin de la France, au contraire, à ses portes, elle est devenue son ennemie. Si l'on avait eu l'intention d'affaiblir la Prusse, d'ouvrir les portes de l'Allemagne, et par elles, celles de l'Europe à la Russie, aurait-on pu faire mieux? Voilà une de ces fautes capitales, qui renferment et portent en elles la destinée des empires, et sur laquelle cependant le congrès de Vienne a passé avec la plus inconcevable légèreté. On en sentira long-temps les effets, et l'Europe ne sera pas dédommagée par les idées de légitimité et par les égards de parenté qui entrèrent, chez quelques-uns, dans les élémens de cette fatale détermination. Il s'agissait des intérêts, que dis-je, de la liberté à venir de l'Europe, et certes ces considérations étaient d'une nature supérieure à toutes les autres.

La position de l'Autriche, à l'égard de la Russie, est aussi hérissée de difficultés. L'oracle de Burke, sur les conséquences du partage de la Pologne, s'est réalisé. Cet état, que le ciel semblait avoir interposé entre l'Orient et l'Occident, pour amortir les coups qu'ils pourraient se porter, est partagé entre eux ; mais ce partage les a rapprochés et mis en présence. Dans la guerre de 1806, contre la Prusse, la Russie n'avait pas dédaigné quelques domaines de son alliée en Pologne ; dans celle de 1809, elle ne négligea pas non plus quelques domaines autrichiens dans le même pays. Par la Volhynie et le royaume de Pologne, la Russie touche à la Galicie, possession précieuse pour l'Autriche, mais d'une fidélité toujours suspecte à l'Autriche ; car il est naturel de supposer aux Polonais de la Galicie plus de penchant pour le royaume de Pologne que pour la monarchie d'Autriche. Quelque faible et décolorée que soit aux yeux d'un Polonais l'image de la Pologne dans le royaume de ce nom, cependant, en lui, il verra encore plus de la Pologne que dans ce qui est purement autrichien ; et c'est l'évidence et la permanence de cette préférence qui est propre à nourrir les ombrages de l'Autriche contre ses sujets de la Galicie. Mais ce royaume de Pologne, entre les mains de la Russie, n'est-il pas menaçant pour le reste de l'Europe? C'est une avant-garde de cent mille hommes, placés en tête des armées Russes. Et quels soldats que les Polonais? Qui les surpasse en courage, en force de corps? Ils ont paru en ligne avec les armées françaises; en quoi leur étaient-ils inférieurs? Quel matériel de guerre ne présente pas le royaume de Pologne, en chevaux, en bétail, en denrées de toute espèce? De plus, par sa situation, ce royaume est un poste avancé, offensif pour l'Europe; préparé contre la Russie, sous le nom de duché de Varsovie, la destinée qui veille pour cet empire, le lui a donné, et a placé le mal là où l'on avait voulu placer le remède.

Pour faire bien sentir toute la gravité de cette position, estimons les attributs respectifs de la Russie et de ses voisins. La Russie gagne à sortir de chez elle; pour elle, tout s'améliore en se portant vers le midi; au contraire, en allant à elle, tout se détériore, climat, chemins, habitations. En allant vers le midi, le temps de l'action croît sous la protection du soleil; en allant vers le nord, elle décroît par le peu de temps que laisse le passage rapide du soleil sur cette terre de glace. Cette action doit commencer tard et finir de bonne heure.

Bientôt les frimats viennent enchaîner les pas des retardataires ; s'avancer dans des contrées sans chemins, sans habitations rapprochées et dépourvues de moyens de subsistance, est fort pénible : il faut tout porter et traîner après soi. Une guerre de Russie ne ressemble pas à une guerre d'Europe, et, pour tout combler, comment rendre à un pays couvert de sables, ombragé de noirs sapins, le mal qu'il peut envoyer faire dans les lieux moins disgraciés de la nature? La Russie jouit de ce terrible privilége ; elle peut faire toujours un mal que l'on ne peut jamais lui rendre. Les attributs matériels de la Russie présentent donc à eux seuls une déclaration solennelle de l'inviolabilité de son territoire. Elle est écrite en caractères ineffaçables dans les résultats des tentatives de Charles XII et de Napoléon. Après eux, qui osera se flatter de prévaloir là où ils ont échoué, et de chercher des triomphes où ils n'ont trouvé que le tombeau de leur puissance. Les Russes peuvent faire encore à qui voudrait les attaquer, la réponse que les Scythes, leurs pères, firent à Alexandre : du moins le héros macédonien eut le bon sens de les comprendre.

. La Russie, comme nous avons déjà eu lieu

de le faire observer, n'a plus de voisinage inquiétant ; toutes ses forces sont donc disponibles, et ces forces sont immenses ; elles les portera sur son front : là se trouveront toujours l'élite et la masse de ces forces. Quand la Pologne était interposée entre elle et le continent, les armées russes devaient parcourir de grands espaces pour se rendre sur le terrain : elles avaient à traverser un territoire étranger ; elles manquaient de magasins et de dépôts. Ces armées arrivaient tard et devaient se retirer de bonne heure : aussi Frédéric, dans la guerre de 1756, ne s'inquiétait guère de gagner ou de perdre des batailles contre elles ; il lui suffisait d'en livrer à ces armées venues de loin, et de leur faire le plus de mal possible. Par cela seul, il était sûr de les renvoyer chez elles et d'en purger son pays : on a vu un de ses généraux, envoyé tout exprès pour ce résultat, arriver à l'armée à midi, être battu à quatre heures, mais le lendemain les Russes, malgré leur victoire, rétrogradèrent. Ainsi en usa-t-il avec les généraux Fœrmor et Soltikoff. L'occupation de la Pologne a changé tout cela, au profit de la Russie ; elle n'a plus à faire partir ses armées de loin, à les fatiguer par de longues marches, à consumer le temps dans ces lointains et pénibles déplacemens. Désormais, pour joindre la Prusse, l'Autriche et le corps de l'Allemagne, l'armée russe n'a plus qu'un pas à faire ; elle part de sa frontière, qui touche au centre de l'Europe ; à Zamosk, à Modlin, à Bobruuisch, elle a des dépôts, des arsenaux, des magasins à Varsovie et dans dix autres lieux ; elle est donc affranchie des obstacles qui, en d'autres temps, entravaient son action. Sous ces rapports, l'occupation de la Pologne l'a portée au niveau de ses adversaires.

3°. Armée russe.

Cette armée est plus nombreuse que celle d'aucun état particulier ; elle égale celles réunies de la France, de l'Autriche et de la Prusse. Avant 1800, les armées russes étaient inférieures en science à celles des grands états militaires ; les combats contre Napoléon, le mélange prolongé avec les armées allemandes, leur ont donné l'instruction qui alors leur manquait. Le matériel de cette armée, en hommes, est excellent : des bras robustes, obéissans, sont guidés par des têtes savantes dans l'art de la guerre ; le corps des officiers russes a reçu une éducation soignée : on les a vus au milieu des autres militaires européens ; ils ne leur cédaient sous aucun rapport. Le soldat russe est sobre, plié à une

discipline de fer, endurci à la fatigue, familia-
risé avec les rigueurs des saisons, ignorant de
toute jouissance ; ce sont de redoutables ma-
chines de guerre, que de pareils hommes. Les
chevaux, le bétail, le fer abondent en Russie ;
tous ces objets y sont à bas prix et coûtent
fort cher dans le reste de l'Europe. La Russie
abonde en chevaux très propres à tous les
usages de la guerre, ce qui lui donne un grand
avantage sur les états de l'Europe où ces animaux propres au service militaire deviennent
rares. Dans l'état actuel de l'art militaire, les
chevaux sont la moitié des moyens de guerre.
Quant au nombre même de cette armée,
nous n'avons pas à nous inquiéter de le fixer
en lui-même, ni d'une manière précise ; il suffit
de savoir que la Russie peut opposer à l'Europe, ou lancer sur elle, des armées immenses,
qu'elle a le pouvoir d'augmenter, de recruter,
d'alimenter, qui sont homogènes dans tous leurs
élémens, tandis que celles qui lui seraient op-
posées ne peuvent être que le résultat d'alliances, et par conséquent sujettes à toutes les
espèces d'inconvéniens qui se rencontrent dans
les alliances. L'action d'un seul a toujours
une énergie et un ensemble bien difficiles à
obtenir dans une coalition dont les intérêts,

les sensations, les vues peuvent différer. Il ne nous appartient point de tenir compte, dans ce calcul, des colonies militaires de la Russie; c'est un essai qu'il faut laisser au temps à juger. L'Europe doit se féliciter que la Russie porte une partie de ses moyens sur une marine qui lui coûte plus qu'elle ne lui rendra jamais : après la marine française, c'est une des plus ruineuses inutilités dont on puisse se faire l'idée. Contre qui toutes les deux pourraient-elles servir à un emploi utile? Il a fallu une circonstance telle que celle de l'intervention grecque, pour que ces deux marines aient pu agir. Si l'Angleterre eût été réunie à la Turquie, au lieu de faire contre elle, les vaisseaux russes et français auraient subi leur *Navarrin*. C'est à l'aide de l'alliance avec l'Angleterre, que ces deux marines ont pu déployer leurs pavillons; dans le cas contraire, ils n'eussent jamais dépassé les rades de Toulon et de Cronstadt. La marine russe de la mer Noire est afférente aux affaires du Levant, mais étrangère à celles de l'Europe; c'est pourquoi nous ne nous en occuperons pas.

## CHAPITRE II.

*Tendance de la Russie vers la guerre.*

Quand il s'agit de l'appréciation de la conduite des hommes, il est une règle générale qui seule doit être consultée, et cette règle est le cœur humain. *Or, il est dans ce cœur de vouloir ce qu'on peut;* pour lui, le pouvoir est la mesure et la seule limite du vouloir. N'allez pas croire que l'étendue du pouvoir rassasie, elle altère. Qui a dit : c'est assez ? Qui s'est arrêté dans la carrière de l'ambition ou de la fortune ? Quel prince, quel état, n'a pas pris pour mesure de ses entreprises celle de ses moyens de succès ? Depuis Sésostris jusqu'à Napoléon, l'Histoire est le monument de cette vérité : quand le premier eut formé des armées supérieures à celles de ses voisins, il s'avança vers l'Asie ; quand le second, confiant sur la fortune enchaînée à son char, et sur une armée incomparable, crut qu'avec de pareils appuis le succès ne pouvait plus manquer à aucune de ses entreprises, il marcha à Moscou.

Tout ce qui a rempli l'intervalle entre ces deux conquérans a fait de même. Quand Rome eut senti la supériorité de sa légion, elle ne douta plus de la conquête du monde. Celle de l'Asie ne parut pas plus douteuse à Alexandre en comparant sa phalange aux soldats de Darius et de Porus. Les Sarrasins sortent des déserts de l'Arabie et arrivent en Orient jusqu'à l'Asie-Mineure, en Afrique jusqu'à l'Océan, en Europe jusqu'aux champs de Poitiers. D'Hispaniola, naguère découverte par Colomb, les Espagnols passent au Mexique, et l'Amérique est envahie. Telle est la pente naturelle, invincible des choses; armez des hommes, ils voudront se servir de leurs armes. Lorsqu'en 1789, trois millions de Français chargèrent leurs bras d'armes dont ils avaient perdu l'usage, il fut clair qu'elles ne seraient pas déposées volontairement, ni abaissées sans combats; il a fallu vingt ans pour épuiser cette veine guerrière. Frédéric avoue dans ses mémoires que la vue de sa belle armée fut le motif déterminant de sa première invasion en Silésie. Faisons à la Russie l'application de ces principes.

Toute l'organisation de l'état est militaire; les emplois civils sont gradués sur l'état militaire; la tête de la société, toute la noblesse, est vouée à l'état militaire ; l'avancement est l'objet des vœux très légitimes du militaire : la paix est l'obstacle à l'accomplissement de ce vœu, la guerre le moyen de le réaliser. Le penchant de la partie influente de l'état est donc vers la guerre. Combien doit peser leur oisiveté à une foule d'hommes réduits à la vie obscure des casernes, au séjour de chétives garnisons, à une vie purement végétative, que la guerre seule peut illustrer et enrichir ! Il y a donc, dans l'intérieur du militaire russe, une impulsion constante vers la guerre, et cette impulsion, commune à tout autre militaire, doit être plus forte chez le premier que chez le second, en raison du nombre de ces militaires, et des localités sur lesquelles il est comme enchaîné. Certes il n'y a pas de comparaison entre le séjour des garnisons de France, d'Angleterre ou de l'Allemagne, avec celui des misérables villes ou villages de la Russie, de la Bessarabie, de la Finlande ou de l'Ukraine. Un habitant de Paris, élevé dans les délices de cette ville, comme le sont presque tous les chefs militaires en France, peut prendre patience plus facilement à Lyon, à Bordeaux, à Strasbourg, que le grand seigneur russe, confiné par son grade militaire à Oczakoff ou à Smolensk. Aussi voyez avec quelle ardeur, pendant cinq ans, l'armée de Bessarabie n'a-t-elle pas demandé la guerre; entendez les cris de joie que sa déclaration a fait élever dans toute la Russie. L'empire en a retenti, et l'armée a marché au bruit des chants d'allégresse. Et cette tendance naturelle de l'état vers la guerre, qui garantit qu'elle ne sera pas ressentie par le prince? que la vue d'une pareille armée ne trouvera pas son cœur aussi ouvert à l'impression qu'elle est propre à produire, que le fut celui de Frédéric; que l'aiguillon secret de l'ambition ne *chatouillera pas de ce cœur l'orgueilleuse faiblesse?* Que des princes jeunes, valeureux, jaloux de gloire, se condamneront toujours à l'oisiveté, ne la rechercheront que dans les arts de la paix, dans l'éducation de leur peuple, dans la civilisation de l'empire. Certes, il y a là un vaste et solide moyen de gloire : l'humanité en serait mieux servie et plus reconnaissante que par la guerre et pour la guerre; mais est – ce là ce dont on entretient les princes, surtout ceux du Nord? Ils naissent au milieu des armes, leur fracas est le premier son qui arrive à leurs oreilles, leur éclat le premier rayon qui frappe leurs yeux : leurs maîtres sont des guerriers; leurs compagnons d'enfance, leurs serviteurs, sont des guerriers; leur habit est celui des guerriers; leur jeux ceux des guerriers; une partie de leurs occupations, est de faire mouvoir et d'inspecter des guerriers; et de cette atmosphère toute guerrière vous ne voyez pas sortir inévitablement les foudres de la guerre! Sans doute les souverains de Russie, considérant le point auquel l'accroissement de leur empire a amené les choses, sentiront que le plus léger mouvement en avant fait par eux dérangerait toute l'économie de l'ordre politique de l'Europe, et cette considération devrait être d'un grand poids à leurs yeux; mais ceci rejette l'Europe sous la discrétion du caractère de ces princes. La Russie a eu des Pierre III, des Paul Ier. Un homme tel qu'Alexandre peut n'être qu'un *accident heureux*, pour me servir d'une expression heureuse de ce même prince; mais qui répond du retour de pareils accidens? Les hommes, ou quelques hommes, peuvent être modérés, mais les choses ne le sont jamais; elles agissent toujours d'après toute l'énergie de leur nature. Une seule graminée envahirait le monde si elle n'était pas arrêtée par la rencontre d'autres plantes qui, comme elle, tendent à s'étendre.

D'ailleurs la modération n'est pas une qualité absolue, mais elle peut être relative ; elle ne consiste pas à ne point user, mais à ne pas abuser, à ne pas porter à l'extrême l'exercice du droit de la force. L'empereur Alexandre était modéré ; s'est-il refusé la Finlande ? Il était modéré ; s'est-il refusé des palatinats prussiens en Pologne, à la paix de Tilsitt ? Il était modéré ; s'est-il abstenu de prendre sur l'Autriche, en 1809, quelques districts polonais ? Il était modéré ; a-t-il pris la Bessarabie sur la Turquie ? Il était modéré ; et s'est-il refusé le royaume de Pologne, qui a porté l'empire russe jusque sur le centre de l'Europe occidentale ? De modération en modération, il est arrivé à s'arranger de tout ce qui était à sa convenance, et finalement à rester le maître du continent ; car tel est l'état réel des choses, et le résultat de cette modération tant célébrée. La modération consiste-t-elle à ne pas garder tout ce que l'on pourrait retenir, à ne pas *tuer sur la place* tout ennemi vaincu. Cela n'a guère lieu que chez les sauvages, ou bien chez les Turcs ; mais entre nations policées, liées par des intérêts communs, compliqués, la modération doit suivre d'autres règles ; elle s'étend aussi à ce qui défend des gênes pour la communauté des peuples, et l'on ne peut disconvenir que la modération de l'empereur Alexandre n'en ait imposé de fort grandes à l'Europe. Encore deux ou trois modérations semblables à celles-là, et l'étoffe manquera pour des modérations ultérieures.

## CHAPITRE III.

*Moyen indirect de puissance de la part de la Russie.*

Au tableau qui vient d'être tracé du pouvoir direct et propre de la Russie, joignons la mention d'un moyen indirect, qui se compose, non de force, mais d'influence. Lorsque Rome fut maîtresse dans beaucoup de lieux, elle inventa le droit indéfini des alliances, et, sous son ombre, elle se rendit l'arbitre universel. Elle prescrivit la guerre aux uns, la paix aux autres ; elle interdit de toucher à ceux-ci ; et s'en prendre à ses alliés, fut s'en prendre à elle-même. Les mariages, les alliances de fa-

mille conduisent au même résultat, quand
elles descendent du fort au faible : entre égaux,
la politique ne tarde guère à reprendre sa supériorité sur les liens du sang; mais dans une
grande inégalité de forces, il se forme d'autres
connexions. Les membres d'une famille sou-
veraine qui jouit d'un premier rang, ou d'un
rang à part, portent avec eux dans les familles
royales où ils entrent quelque partie de la considération et du poids dont la leur propre est in-
vestie; à leur tour, les princesses qui sont ap-
pelées sur ces hauts trônes font rejaillir une
partie de leur éclat sur celui auprès duquel
elles sont nées : de là se forment des liens de
protection ou d'intérêt privé qui peuvent fa-
voriser les pouvoirs supérieurs en affaiblissant
la cause commune. L'état actuel des familles
régnantes en Europe est la preuve de la justesse
de cette observation, et me dispense de rien
ajouter; mais il est indubitable que par les
alliances qu'elle formera dans les maisons régnantes du continent, comme par celles que
ces maisons seront jalouses de former avec elle,
la Russie n'acquière sur les cabinets de puissans moyens d'influence. Les faibles la rechercheront comme appui ; cette liaison affaiblira
la résistance commune : les forts se sentant

isolés, deviendront plus timides, et les alliances de famille auront sur l'Europe moderne une partie des effets qu'eurent pour les peuples anciens les alliances de politique que Rome sut former parmi eux pour les affaiblir en les divisant.

## CHAPITRE IV.

*Formation de l'Europe occidentale par rapport à la Russie. Sa force et sa faiblesse.*

D'après ce qui vient d'être exposé, la puissance russe avec tous ses attributs est parfaitement connue. On voit distinctement ce qu'elle est, et par là même, on sait encore à qui on aura à faire avec elle, et dans quels lieux on la rencontrera ; et par là on voit non moins clairement, 1° que le système européen se partage en deux branches, l'une défensive et l'autre offensive ; 2° que la première est celle du système obligé de l'Europe occidentale, et la seconde celui de la Russie ; 3° que chaque état en particulier est trop faible pour résister seul à la Russie, et que de là naît la nécessité d'un système fédé-

ratif, dont la base indispensable doit être *la ga-*
*rantie de tous par tous*. La Russie, en se formant
en un corps de puissance homogène, sous tous
les rapports, a appris à l'occident de l'Europe
que, pour sa conservation propre, elle doit
aussi se former dans un seul corps défensif,
sous peine, en cas de déliaison de ses diverses
parties, d'être abandonnée au bon plaisir de la
Russie, à tout ce qu'il plaira à celle-ci d'or-
donner d'elle. En effet, quel est celui qui pourrait être entamé par la Russie, sans que tous
les autres n'éprouvent le contre-coup de ses
dommages : serait-ce la Suède, que devient le
Danemarck et tout le littoral de la Baltique ?
Serait-ce le Danemarck, que devient la Suède ?
De même pour la Prusse à l'égard de l'Autriche,
et pour l'Autriche à l'égard de la Prusse. Supposons, et le temps réalisera cette supposition, supposons que la Russie enlève la Prusse
royale au souverain de Berlin, ou bien la Gal-
licie à celui de Vienne, quel sera le résultat
pour tous les deux ? Un double affaiblissement :
1° par ce qu'ils auront perdu ; 2° par ce que la
Russie aura gagné : en devenant plus faibles,
ils auront moins de moyens de s'entr'aider
mutuellement et de lui résister. La force des
choses crée donc entre toutes les puissances

occidentales un système fédératif, et particu-
lièrement entre l'Autriche et la Prusse. Les
grandeurs modernes de la Russie ont annulé
toute leur ancienne politique; par elles, il n'y
a plus de part et d'autre ni *Silésie*, ni vieilles
rancunes, ni antiques rivalités. La Russie est
là avec tous ses dangers; c'est d'elle désormais
qu'il faut s'occuper et se défendre. Les deux états
ne se menacent plus mutuellement comme ils
faisaient au temps passé; la survenance de la
Russie les a rapprochés; elle leur commande
d'oublier le passé, de ne plus s'occuper que de
l'avenir, et de substituer les liens d'une amitié
persévérante en présence d'un danger commun,
aux anciens sujets de querelles dont l'éloignement de ce danger permettait alors de tenir
compte. A la vue des drapeaux russes flottant
sur la Vistule, Marie – Thérèse et Frédéric se
donneraient la main; on ne verrait plus leurs
cabinets occupés, comme ils l'ont été pendant
quarante ans, à s'observer, à chercher à se
surprendre, et à se préparer à mesurer leurs
épées. Que sont les intérêts qui les divisaient,
auprès de ceux qui naissent des accroissemens
immodérés de la Russie? Alors il s'agissait de
quelques portions de territoire, de quelques
degrés de puissance relative; ici, il s'agit de

l'existence : *être ou n'être pas,* voilà désormais tout ce qu'il y a à considérer des deux parts. Ainsi en donnant aux choses une autre direction, le temps en commande aussi une nouvelle aux hommes dans leur conduite, et les porte dans un système contraire à celui que d'autres circonstances leur avaient dicté. La véritable politique est l'art de conformer sa direction aux exigences du temps. Le nôtre a créé un ordre absolument nouveau ; il a donné tout l'orient de l'Europe à la Russie : par là même, il a placé l'occident de cette contrée en opposition défensive au pouvoir qui le menace. Dans cette position, l'Europe présente l'image de deux camps placés en regard l'un de l'autre. L'orient devenu russe forme le premier, inabordable sur ses ailes et ses derrières, protégé sur son front par toute la puissance de l'état. L'occident de l'Europe forme le second : à la gauche sont les deux royaumes du nord, la Suède et le Danemarck ; l'Allemagne forme le centre ; le royaume des Pays-Bas et la France représentent la réserve de cette ligne défensive. On cherche son aile droite ; ce devraient être l'Espagne et l'Italie. Qu'en a-t-on fait ? à quoi servent-elles dans l'état où le despotisme et le monachisme les ont mises et les retiennent ?

Plus de trente milliers d'hommes, avec un re-
venu de 400,000,000 fr., sont perdus pour la
société européenne. Au lieu d'avoir rien à
puiser dans ce riche fonds, l'Europe sociale ne
peut y rencontrer que des sujets de douleur
ou de scandale. Le despotisme militaire peut
renfermer des principes de force, mais le despotisme monacal n'en renfermera jamais que
d'affaiblissement. L'Italie n'est plus qu'un mu-
sée, un répertoire d'antiques, un séjour volup-
tuaire ; mais elle n'appartient plus à la politique européenne. L'Espagne et le Portugal
comptent encore moins ; ce sont deux *cou-
vens* dissolus, et qui ne rentreront dans l'ordre
européen qu'après être rentrés dans celui de
la raison, ce qui, suivant toute apparence,
peut se faire attendre encore long-temps. Cette
lacune affaiblit la défensive de l'Europe, et la
réduit aux seules forces dont nous avons pré-
senté le tableau ; d'où il résulte, 1° qu'un système fédératif est le seul moyen de préservation qui reste à l'Europe contre la Russie ; 2° que
ce système ne doit et ne peut être que défensif ;
3° qu'il doit être permanent ; 4° qu'il est à peine
suffisant dans l'état respectif des forces des
deux divisions européennes ; 5° que la diversité
des élémens de ce système, dans les intérêts, les

mœurs, les lois, les cultes de ceux qui sont destinés à le former, donne de grands avantages à la puissance russe, homogène dans toutes ses parties, et qu'ainsi la division occidentale de l'Europe, même dans une union parfaite, est inférieure à la division orientale ; 6° qu'enfin toute la politique européenne n'a plus qu'un seul objet, l'*opposition à la Russie*. Quand Rome eut fait sentir à Carthage la force de son bras, celle-ci n'eut plus à s'occuper que de s'en défendre, et les autres furent avertis de faire de même.

## CHAPITRE V.

*L'Angleterre, par rapport à la défensive de l'Europe.*

Le rapprochement entre les forts, et même, en cas d'éloignement, l'égalité et la similitude de leurs moyens, sont les sauvegardes des faibles. Ainsi au temps de Napoléon, l'Angleterre prêtait appui au continent ; à son tour, la puissance de Napoléon eût contenu celle de la Russie. Sous cet ombrage tutélaire, la Prusse et l'Autriche auraient pu reposer en paix, bien sûres de trouver en lui un puissant vengeur.

Le cabinet de Berlin n'a pas été toujours étranger à cette pensée : on l'a vu long-temps attaché au système français, et séparé des coalitions austro-russes; c'est qu'alors il pressentait le fardeau de la Russie. C'était avec effroi qu'il la voyait grandir et s'approcher; c'était avec confiance qu'il attachait ses regards sur la France. La guerre mal avisée que la Prusse fit à la France en 1806 la porta dans le système opposé, et lui fit chercher un appui là où quelque temps auparavant elle n'apercevait qu'un sujet de terreur. La jeunesse bruyante et inconsidérée qui fit cette guerre fatale a posé le principe des embarras actuels de l'Europe; en donnant la Russie pour défenseur à la Prusse, en faisant d'elle le restaurateur de la Prusse, elle a attaché à la Russie ce qui était réservé à la contenir, elle a faussé à jamais le système de l'Europe. Napoléon lui-même eut grand tort de s'appesantir sur la Prusse; il ne devait songer qu'à la fortifier, comme barrière contre la Russie. Le grand-duché de Varsovie, pierre d'attente, était un contre-sens européen; car il était bien évident qu'il ne pouvait plus redevenir la Pologne, et que, sans la Pologne intégrale, ce qui en resterait n'aurait aucune efficacité dans le grand but d'affranchir l'Europe de la pression de la

Russie. Depuis ce temps, des liens étroits se sont formés entre les souverains des deux pays, la reconnaissance les a cimentés, et des rapports de famille les ont complétés. Si la Prusse se trouvait placée à cent lieues de la Russie, elle ferait autrement; mais si elle en est trop près, l'Angleterre en est trop loin. Les deux pays n'ont aucun point de contact; ils peuvent se menacer de loin, mais jamais s'aborder ni se saisir. Les moyens de puissance diffèrent entre eux; l'Angleterre ne peut pas plus attaquer la Russie avec ses flottes, que la Russie ne peut l'atteindre avec ses armées : ces deux puissans athelètes ne peuvent jamais se rencontrer corps à corps. Que feraient des flottes anglaises dans la Baltique ou dans la mer Noire! Les points importans seraient couverts par des nuées de soldats. De son côté, où la Russie trouverait-elle l'emploi de son armée contre l'Angleterre? Par conséquent, l'Angleterre ne peut être directement que d'un faible poids dans la défensive de l'Europe. Quelques milliers d'hommes, joints à ceux que l'Allemagne pourrait armer, compteraient peu dans une pareille lutte; un mince recrutement en Russie suffirait pour égaler ou surpasser ce contingent. Dans une lutte numérique de soldats, la Russie ne peut jamais être vaincue. Il ne faut

pas s'arrêter davantage aux ménagemens que
commandent aux deux états leurs relations
commerciales ; elles sont nombreuses, il est
vrai, et précieuses pour les deux pays. Si les
produits russes alimentent le commerce et les
fabriques anglaises, à son tour le commerce
anglais favorise les exploitations russes et l'ex-
portation de leurs produits; il y a action et
réaction d'un pays sur l'autre. Tant que dura
l'alliance entre Napoléon et l'empereur Alexandre, la Russie, gênée dans ses relations commerciales avec l'Angleterre, souffrit et se plaignit;
elle n'eût pas permis la paix à son prince, avec
la condition de l'interdiction du commerce anglais. Celui de la Russie se compose principa-
lement d'objets propres aux constructions na-
vales, dont l'Angleterre consomme beaucoup;
il reçoit aussi beaucoup d'objets de consomma-
tion que les fabriques anglaises lui fournissent
à défaut des manufactures russes. Le commerce est, par sa nature, ami de la paix; il
en renferme des motifs très puissans, et dans
l'ordre ordinaire des sociétés, il en est un assez
sûr garant. Aussi n'est-ce pas de cet ordre
que nous traitons ici, mais de celui qui, se
rapportant à la préservation des libertés du
continent de l'Europe, réclame à ce titre l'ap-

pui de l'Angleterre. Ses soldats sont hors de cette question ; elle-même en serait aussi tout entière en dehors, si elle n'y tenait par cette chaîne d'or avec laquelle elle s'est attachée depuis 150 ans à toutes les questions européennes. Dans la lutte contre Napoléon, l'Angleterre a prodigué ses trésors ; elle ne doit pas se rendre parcimonieuse pour l'état actuel des choses. Ses subsides soutinrent les trois grandes ligues contre Louis XIV ; ils doivent être prêts de même à soutenir les libertés de l'Europe contre le nouvel adversaire qui s'est formé contre elles : désormais ils doivent avoir cet emploi. Ce que l'Angleterre ne peut directement contre la Russie, elle le fera par eux ; elle le fera d'une manière fructueuse pour elle-même autant que pour les autres ; car après le naufrage commun, que resterait-il pour elle ? Elle pourrait être réduite à regretter Napoléon, et, isolée sur ses rivages, repoussée par le continent, qui lui répond qu'elle ne serait pas exposée à subir un second blocus continental plus strict, plus étendu et plus désastreux que celui des décrets de Berlin et de Milan ?

## CHAPITRE VI.

### *La France par rapport à la Russie.*

Éloignement, peu de relations commerciales, tel est l'état des deux pays à l'égard
l'un de l'autre. Il faudrait que le glaive russe
perçât bien des cuirasses avant d'atteindre la
France ; sa sûreté est garantie pour un long
temps encore, et dans tout ceci il n'est rien
qui l'intéresse personnellement : à son égard,
rien n'est absolu, tout est relatif. Dans cette
question, la France n'entre que comme partie
du corps social de l'Europe, et alors tout se
réduit, à son égard, à demander s'il lui importe qu'en Europe, il y ait indépendance, sûreté pour les petits comme pour les grands,
protection suffisante contre la prépotence d'un
seul ; s'il est bon que la loi soit faite par le
fort armé ; que tous soient obligés de s'enquérir sans cesse si leurs actes seront du goût de ce
maître, s'il y apposera son *visa*, et si l'on sera
réduit à attendre son *exequatur*. C'est précisément l'état dans lequel Rome avait réduit le

monde; c'est celui dont on a accusé Napoléon de menacer l'Europe; et c'est cette menace qui a décidé l'Europe aux efforts qui l'ont renversé. Mais Napoléon n'était qu'un homme, sujet à tous les coups du sort, et qui les a éprouvés dans leur plus extrême sévérité, au lieu qu'avec la Russie , c'est la domination des choses qui se fait ressentir; le changement des hommes ne les changerait pas, il est beaucoup plus probable qu'il les aggraverait. Dans cette position, le rôle de la France est bien facile à assigner : soutenir tout ce qui peut être attaqué ou menacé par la Russie. Du lieu de sûreté qu'elle occupe , la France peut conserver le sang-froid qui aide à apprécier justement les choses, à bien juger les dangers. Le rôle de la France est celui de désintéressement, et par là même propre à inspirer la confiance; car elle ne peut, dans son assistance, avoir en vue que les intérêts généraux de l'Europe, et nullement son intérêt privé. Celui-ci ne se retrouve pour elle que dans une vue générale, celle de la préservation des *avant-murs* qui la couvrent; car les choses ont été amenées au point que tout ce qui affaiblit les autres au loin, affaiblit aussi auprès. Ainsi la violation des frontières autrichiennes ou prussiennes, dans la cause commune à tous, se ferait ressentir aux frontières de la France; les remparts de Strasbourg seraient ébranlés par le canon qui renverserait ceux de Breslaw ou d'Olmutz. La puissance russe a tout lié et tout rapproché dans l'occident de l'Europe, elle l'a réuni et comme fondu dans une même cause ; il n'y a plus de maison d'Autriche en rivalité avec la maison de France; il n'y a plus que des têtes, sous des noms différens, à préserver du même joug, du joug russe qui les menace toutes, un peu plus tôt, un plus tard, et qui toutes, ne peuvent trouver de garantie que dans l'union la plus intime. La France sera le lien le plus solide de cette union indispensable, car elle joint un grand pouvoir matériel aux avantages de position qui manquent aux autres; elle doit laisser à l'Angleterre le soin de soutenir la défensive de l'Europe par des subsides. Pour la France, c'est par des armées qu'elle doit agir; elle en possède une nombreuse, qui dépasse les besoins de son intérieur. De sévères leçons l'ont guérie à la fois de la manie des conquêtes et de celle des interventions; il lui reste à employer ses forces d'une manière mieux calculée, et cet emploi ne peut plus être que la

coopération à la défense commune de l'Eu—
rope ; d'après l'évidence de ce besoin, on
peut dire que les armées de la France sont
aussi européennes que françaises, et appartiennent autant à l'Europe qu'à la France elle-
même. Le militaire français peut apprendre
l'allemand ; car il est destiné à se porter souvent vers les contrées germaniques, non plus
pour les conquérir, mais pour les défendre.
Les vainqueurs d'Iéna et d'Austerlitz seront vus
souvent combattant contre les soldats du nord,
à côté de ceux qu'ils terrassèrent dans ces champs
glorieux. Telle est la direction que l'approche
menaçante de la Russie vers l'occident trace à
la France ; il n'y a pas plus à hésiter qu'à s'y
méprendre. La vue du danger est trop distincte
pour permettre la moindre incertitude. Il appartient à la France, et cette destination est pleine
d'une solide gloire, celle de soutenir les forts,
d'encourager les faibles, de rassurer les timides,
de porter dans toute l'Europe la vie et la lumière. Ce rôle n'a rien d'offensif contre la Russie ; en se considérant elle-même, elle ne peut
qu'en reconnaître la légitimité, que se demander ce qu'elle ferait à la place de la France, ce
qu'elle a fait quand on a fait prévaloir la pensée que la France était à la place qu'elle occupe

elle-même; la Russie trouvera également dans son jugement et dans ses souvenirs l'apologie de la direction de la France; et si deux fois celle-ci inspira des craintes aux libertés de l'Europe, par l'effet des circonstances nouvelles, par une direction éclairée, la France rachètera ces alarmes, en servant à jamais de gardien et de défenseur à ces mêmes libertés, dans une sphère beaucoup plus étendue.

## CHAPITRE VII.

### *Le Danemarck et la Suède, par rapport la Russie.*

Ces deux états sont très peu puissans par eux-mêmes, et leur position à l'égard de la Russie est fort contrainte : ensemble ou séparément, ils ne peuvent rien contre elle et sont exposés à tous ses coups. Ils ne peuvent être défendus contre la Russie que par l'Europe; car par eux-mêmes ils sont impuissans à le faire. La possession de la Finlande a porté la Russie sur la frontière septentrionale de la Suède proprement dite; l'occupation de l'île d'Aland menace la capitale : la Suède est donc domi-

née par la Russie, de manière à avoir beaucoup à craindre d'elle, tandis que celle-ci ne
peut en recevoir aucun dommage. La flotte
russe peut être supérieure à la flotte suédoise;
et en vérité, si l'on demandait à la Suède et
au Danemarck de montrer en quoi leurs flottes
leur sont utiles, une réponse satisfaisante de
leur part serait fort difficile à faire. Dans le
système défensif européen contre la Russie, la
Suède et le Danemarck acquièrent quelque importance; ces deux états doivent faire partie de
l'alliance et soutenir les autres, pour être sou-
tenus par eux à leur tour. Des considérations
personnelles ne doivent pas les retenir; pour
eux, comme pour les autres, il n'y a de salut
que dans le salut commun. Quand tout sera
subjugué ou tremblant sur le continent, où
sera leur sûreté et leur indépendance propre?
Plus on creuse cette question, plus on y trouve
l'absolue nécessité de l'alliance intime de toute
la communauté européenne.

Dans cette revue des forces de l'Europe, on
ne fera pas entrer l'Espagne, le Portugal ni
l'Italie. Par sa position, le Portugal est si loin
de l'Europe politique, qu'il figure à peine dans
cette contrée; avant ce temps, on le trouvait plus
au Brésil qu'en Europe. Depuis un demi-siècle, il

en était de même de l'Espagne pour l'Amérique;
ses affaires étaient là. Le rempart de la France
couvrait l'Espagne contre l'Europe, qui d'ailleurs n'avait rien à démêler avec elle. Dans les
guerres de 1756 comme dans celle de l'indépendance de l'Amérique, l'Espagne vint chercher
des coups dans des querelles où elle n'avait rien
à voir ni à gagner. La politique de ce pays à
l'égard de l'Europe, et celle de l'Europe au sien,
a toujours été mal entendue. Le pacte de famille, fort célébré dans son temps, fut une
aberration dont les résultats ont été désastreux
pour l'Espagne et infructueux pour la France;
suite inévitable de tout traité dont la base est
prise hors de la nature véritable des choses.
L'Espagne et le Portugal sont des appendices
territoriaux de l'Europe, mais ils n'y tiennent
point par la civilisation; la leur est encore de
l'Afrique, comme le sang de leurs habitans, et
leurs terres sont aussi de cette contrée, sous
plusieurs rapports. L'Espagnol se mêle avec ré-
pugnance aux autres peuples; il se refuse aux
amalgames, aux amendemens, à ce qui pourrait polir sa rudesse naturelle. Un grand nombre de causes ont contribué à faire des Espagnols
un peuple à part. La dynastie autrichienne avait
abîmé l'Espagne, la dynastie des Bourbons avait

allégé quelques maux. Depuis la mort de Charles III, prince vénérable, l'Espagne n'a plus été qu'un sujet de scandale et un fardeau pour les autres. Dans ces derniers temps, ce malheureux pays n'existe que pour se tourmenter lui-même et occuper désagréablement les autres, quand ce n'est pas dispendieusement. On sent bien qu'un état gouverné de cette manière ne peut être compté dans la balance générale de l'Europe; avant de pouvoir exister pour les autres, il faudrait qu'il existât d'une manière certaine pour lui-même, et son existence actuelle est un chaos, que tout tend à épaissir, au lieu de l'éclaircir.

Il n'en serait pas de même de l'Italie, sans le morcellement de cette contrée dans un grand nombre de petites souverainetés, qui annulent la patrie des anciens maîtres du monde. La souveraineté temporelle des papes a faussé depuis des siècles, et peut-être à jamais, l'état de l'Italie. Pour défendre cette puissance, qui était faible, les princes temporels de Rome voulurent s'entourer de petites souverainetés semblables à la leur propre; on les vit passer continuellement de l'alliance de l'Espagne à celle de la France, et de celle de la France, revenir à celle de l'Espagne. Ces alternatives provenaient d'une cause uniforme, le désir d'éloigner la domination de plus forts qu'eux. Quand Jules II disait, Chassons les barbares français et allemands, il parlait moins encore en *italien* qu'en *pape* qui se sentait trop faible contre les premiers, et assez fort contre un entourage de petits souverains, tels que les princes de Toscane, d'Urbin, de Modène, de Milan, et les républiques de cette contrée. Ce partage de l'Italie l'a énervée, et la rend complètement inutile à l'Europe. Aussi, à défaut d'unité, depuis Charles VIII, a-t-elle été envahie par qui a voulu s'en passer la fantaisie, et si aucun ne s'y est établi solidement jusqu'au congrès de Vienne, qui en a fait une province vassale de l'Autriche, cela est venu, non pas d'elle-même, mais de la jalousie des plus puissans qui se sont exclus mutuellement de cette possession. Napoléon n'eut que la moitié d'une idée en érigeant un royaume d'Italie avec la seule haute Italie. Ce n'était pas à Saint-Cloud qu'il fallait faire un roi de Rome, mais à Rome même. Puisque le sort lui avait livré l'Italie, il fallait accepter le don dans toute son étendue, rappeler ce pays à l'unité politique indiquée par l'unité du sol, du sang, des mœurs, du langage, et réparer dans un jour le désordre de plusieurs siècles. Il semble qu'un homme de ce génie devait toujours *jeter en bronze*, faire tout d'un seul jet, en laissant au vulgaire les constructions partielles. C'est un grand malheur, lorsque mentant, pour ainsi dire, à sa propre nature, un homme de génie retombe dans les atermoiemens, confie au lendemain ce qu'il peut faire le jour même ; ou bien encore lorsque le succès interposant entre les objets et sa vue un voile decevant, par une illusion flatteuse pour l'orgueilleuse faiblesse de son cœur, lui fait oublier que l'avenir n'est point l'apanage d'un simple mortel, que la destinée est plus forte que lui, que la fortune a des caprices supérieurs aux projets les plus solides en apparence, et que, dans sa course, le temps emporte les hommes et leurs plans. Avec ces pensées toujours présentes à l'esprit, l'Italie serait une et utile à l'Europe, et il n'y aurait pas de Sainte-Hélène.

# CHAPITRE VIII.

## *Puissances prépondérantes en Europe.*

On a beaucoup abusé de ce mot ; rien n'est plus commun que d'entendre doter de cet attribut des états auxquels il n'appartient sous aucun rapport. Toute méprise est bonne à éviter, à corriger, surtout quand elle peut avoir des suites fâcheuses, et, dans la question actuelle, quelqu'unes ne sont pas sans danger.

La puissance est de deux espèces, absolue ou relative.

Par la première, il y a supériorité envers tout pouvoir étranger, et force suffisante pour agir uniquement d'après soi-même.

Par la seconde, il n'y a que supériorité relative, c'est-à-dire que sur des inférieurs, et liberté d'action complète que dans certains cas.

D'après l'exposé tracé dans cet écrit, l'Europe ne compte que deux puissances auxquelles l'attribut de la prépondérance ne peut être contesté : ce sont l'Angleterre et la Russie. Chacune d'elles, sur son élément, et d'après la nature des forces dont elle dispose, ne reconnaît ni égalité ni supériorité, et par conséquent chacune, dans toutes ses actions, peut ne prendre conseil que de ses intérêts propres. Qui peut atteindre, restreindre, intimider ou dépouiller l'une d'elles? toutes les deux sont placées dans une sphère au-dessus de toute atteinte. Les puissances supérieures, après elles, sont l'Autriche et la France; mais cette supériorité, par le nouvel état de l'Europe, n'en fait point des puissances prépondérantes dans cette contrée. L'Autriche rencontre un supérieur dans la Russie, un égal dans la France, et même, sous quelques rapports, dans la Prusse (1). La France ne peut pas soutenir la comparaison avec l'Angleterre sous les rapports maritimes; elle trouve un égal dans l'Autriche, et au moins une gêne dans la Prusse. Sûrement la France renferme tous les moyens propres à assurer son indépendance; mais autre chose est de pouvoir se garantir, autre chose, de l'emporter sur tous les autres. Or, c'est de cette supériorité qu'il s'agit dans la question qui nous occupe. Ceux qui disent encore que la France est une puissance prépondérante, usent donc d'une locution qui n'est plus à la mesure des choses actuelles ; certainement depuis une

_______________

(1) On l'a vu sous Frédéric.

longue suite de siècles, la France a été la
puissance prépondérante, le régulateur même
de l'Europe ; on peut aller jusque là, témoins
les temps de Louis XIV et de Napoléon. Les
forces naturelles de cet état, ses admirables
avantages de situation, de population, d'unité
de territoire, de langage, de gouvernement,
d'esprit, quand ils étaient mis convenablement
à profit, étaient propres à donner à la France
toutes les réalités de la prépondérance politique. Frédéric disait d'elle que s'il était roi
de France, on ne tirerait pas un coup de canon en Europe sans sa permission ; ce grand
homme, en parlant ainsi, obéissait au double
sentiment de sa force propre, et à celui que
la vue des attributs de la France lui inspirait.
Mais nous ne sommes plus au temps de Frédéric ; l'Angleterre et la Russie ne sont plus
aux lieux où il les voyait ni où il les a lais-
sées. Quel chemin n'ont-elles pas fait depuis
ce temps ? L'Autriche et la France ne possèdent plus également qu'une prépondérance
relative, sur des voisins plus faibles qu'elles ;
ainsi l'Autriche est prépondérante en Italie, en
Allemagne sur la Bavière, le Wurtemberg, elle
l'est aussi sur la Turquie : tous ces états lui sont
inférieurs. De même la France est prépondé-

rante à l'égard de la Sardaigne, de l'Espagne, du royaume des Pays-Bas, et même de la Prusse, prise isolément. De même encore, dans une alliance formée de ces états inférieurs, la grande supériorité de deux premiers états sur leurs associés leur donnerait une prépondérance décidée sur eux ; mais elle s'arrêterait là, et disparaîtrait tout-à-fait vis-à-vis des prépotences réelles de l'Angleterre et de la Russie.

Ceci paraît suffisant pour fixer convenablement l'état de la question, et remettre chaque chose à sa place. Prépondérer est peser plus que tout objet semblable ; or, il est évident que cela appartient, chacune dans son genre, à la Russie et à l'Angleterre, mais à elles seulement.

## CHAPITRE IX.

*Système permanent de l'Europe à l'égard de la Russie.*

Ce système découle de tout ce qui a été dit plus haut ; il se fait lire en gros caractères sur la carte de l'Europe. La diplomatie n'a plus besoin d'art, elle n'a qu'à ouvrir les

yeux. La science des cabinets est fort simplifiée ;
elle se réduit à se tenir bien pénétré de quelques vérités qui ne chargent pas l'esprit d'une
grande fatigue. Quand *un* est plus fort que
*chacun* en particulier, et même que beaucoup
réunis ensemble, que faut-il faire ? *S'unir.* Où
chercher la sûreté commune ? Dans l'union
politique qui se résout en alliances défen-
sives. En bonne logique, les effets doivent
correspondre aux causes ; en politique, il en
doit être de même : tant que dure le danger
commun, l'alliance doit durer. Par conséquent, tant que la Russie sera plus forte que
chaque état du continent occidental de l'Europe, ou même que la plus grande partie de
ce continent réunie ensemble, la totalité de
cette division de l'Europe doit se combiner
dans une alliance défensive, indissoluble, toujours préparée pour la défense commune.

1°. Ce système doit être purement défensif ;
car il ne s'agit pas d'affaiblir la Russie, ni de
lui rien retrancher, mais de se conserver soi-
même ; c'est un pacte de préservation et non
d'hostilité. La Russie n'est pas un ennemi, mais
un danger, et par conséquent un objet de prévoyance et de précaution. Cela n'implique rien
contre ses droits, rien qui puisse la choquer ; toute

intention hostile contre elle lui donnerait le droit d'en concevoir contre les autres : ceux-ci ont le droit, bien plus, le devoir de se prémunir contre les inconvéniens d'un pouvoir exorbitant, comme pour la conservation de leur indépendance, inévitablement affectée par leur disproportion avec ce pouvoir. De plus, ce système fédératif est commandé par une circonstance particulière : on conçoit bien comment la Russie pourrait retrancher la Prusse royale et le duché de Posen à la Prusse ; comment, dans d'autres temps, sous divers prétextes, même sous celui de prévenir des querelles par des limites plus fortement tracées, elle pourrait atteindre à ce terme ; on conçoit de même comment la Russie pourrait retirer à elle toute la partie de la Galicie qui dépasse la Vistule sur la rive orientale ; mais par sa nouvelle délimitation polonaise ou turque, que l'on dise ce que l'on pourrait prendre sur le territoire russe, ou comment on ferait reculer sa frontière. On voit bien comment et jusqu'où la Russie peut avancer, mais on n'aperçoit pas jusqu'où elle peut reculer ; car de la Vistule au Borysthène, il n'y a pas une apparence de frontière, pas un seul point sur lequel il vaut mieux s'arrêter que sur un autre. Ainsi, d'un côté on peut gagner sans avoir crainte de rien perdre, et de l'autre on peut perdre sans avoir l'espoir de pouvoir jamais rien gagner. La nécessité, l'indispensable nécessité de pourvoir à un pareil état de choses, et malheureusement il est trop réel, ressort de toutes ces considérations de la manière la plus propre à frapper tous les esprits attentifs et vigilans sur les vrais intérêts de l'Europe ; ils découvrent sans peine qu'une alliance défensive est la seule garantie de ses libertés déjà bien affaiblies, et que plus il y a d'*unité* en Russie, et de *pluralité* en Europe, plus il y a nécessité pour une alliance dont les caractères sont aussi faciles à assigner que la nécessité de l'alliance elle-même.

1°. Cette fédération doit être permanente : à quoi servirait-elle, n'étant que passagère ? les digues doivent durer autant que les torrens.

2°. Elle doit être compacte ; formée pour tous, elle doit être formée par tous : on ne peut prétendre à ses bénéfices sans participer à ses charges. Les petits doivent aider les forts dans la mesure de leurs facultés ; la sincérité, la bonne foi doivent régner entre toutes les parties ; celles qui s'en écarteraient en trouveraient le châtiment dans la perte commune. Quand Rome voulut abattre les rois de Macédoine, elle souleva la jalousie de l'Étolie, elle attira à elle des membres de la ligue achéenne. Qu'arriva-t-il ensuite de ces déserteurs de la cause commune ? Tel est le sort qui attend celui qui se séparera de l'alliance européenne. Que l'Autriche soit encore affaiblie par rapport à la Russie, auprès de qui la Bavière et les autres états secondaires de l'Allemagne auront-ils recours ? à qui demanderont-ils appui, assistance, et d'arrêter les commissaires russes qui viendront leur intimer les volontés de Pétersbourg ? Tout refus de prendre part à l'alliance, toute défection de cette alliance, sera, ne craignons pas de le dire, une défection, une trahison européenne.

3°. L'alliance doit être régie par des règles fixes, comme l'était le corps germanique, mais sur de meilleurs principes d'exécution ; elle doit se tenir prête à agir à l'apparition première du danger, et son application principale sera la surveillance de la Russie. Cette alliance eût dû être formée le lendemain de la signature du congrès de Vienne ; car, dès lors, le danger fut créé, et le simple instinct de la préservation suffisait pour reconnaître à la fois la nécessité et les moyens de s'y opposer. Une pareille alliance eût été, et sera pour l'Europe, *une alliance vraiment sainte*, car elle sera formée pour son salut, pour ses libertés, et non plus contre les libertés des peuples occidentaux.

## CHAPITRE X.

*Tendance du gouvernement russe vers le midi de l'Europe.*

L'histoire de la Russie présente trois grandes époques.

Dans la première, la Russie était puissance purement asiatique, occupée uniquement de guerres avec les Tartares et les Polonais, étrangère à l'Europe, dans laquelle son nom n'était pas même bien fixé, non plus que le rang de ses souverains. Ce n'est que dans la guerre de 1756 que le titre d'impératrice fut reconnu à Élizabeth par la France et l'Autriche; et cette courtoisie fut le prix de l'alliance avec ces puissances contre Frédéric. Dans ces temps reculés, la capitale de la Russie devait être asiatique ; aussi à cette époque elle fut à Kiouff et à Moskow.

Dans la seconde époque, la Russie, sortie de l'Asie sous le czar Pierre, commença à prendre part aux affaires de l'Europe. Alors la Suède y jouait un grand rôle ; elle serrait de près la Russie par l'occupation de tout le littoral de la Baltique. Il était naturel qu'affranchie du côté de l'Asie, la Russie employât ses forces contre le voisin qui l'incommodait le plus, et qui la bornait du côté de l'Europe, vers laquelle elle se sentait entraînée : c'est ce que le czar Pierre conçut à merveille. Des grandeurs purement asiatiques n'étaient pas de mesure avec son génie. Il avait la conscience de la valeur de son empire ; il sentait qu'il valait mieux que des querelles sans gloire contre les Tartares, lês Persans et les Turcs. L'Europe seule lui parut digne de sa puissance. Que de choses dans le coup d'œil d'un homme de génie ! tout apparaît devant lui ; le présent et l'avenir ne sont qu'*un* pour lui, et dans un germe il voit tous les développemens dont celui-ci renferme le principe. Voilà comme vit Pierre pour s'ouvrir le chemin de l'Europe. Il fallait bannir la Suède du continent, et se mettre à sa place : il le fit. Des fuyards de Narva, il fit les vainqueurs de Pultawa, et avec eux il relégua la Suède de l'autre côté de la Baltique, en s'assurant de l'Ingrie et de la Livonie. Alors la Suède, déchue des grandeurs de Gustave-Adolphe et de Charles XII, ne fut plus qu'une puissance du troisième ordre. Pour la mieux surveiller, pour dominer sur la Baltique, Pétersbourg fut créé. Ainsi, dans ces deux époques, par une condescendance judicieuse aux besoins du temps, deux fois la capitale de l'empire a suivi sa destinée. Une capitale inamovible, et, pour ainsi dire, inflexible, peut devenir funeste pour un empire. Associée à sa destinée, elle doit s'y plier, sous peine de lui nuire. Cette destinée semble préparer pour la Russie un troisième transport de sa capitale, et devoir la faire passer du nord au midi.

Ce troisième changement sera le résultat des conquêtes que la Russie a faites depuis un siècle vers le midi de l'Europe. Par elles, d'immenses contrées, favorisées par les regards du soleil, jouissant de la plus belle température et d'un sol fertile, arrosées par d'immenses cours d'eau, s'étendant sur tout le littoral septentrional de la mer Noire, sont devenues le domaine de la Russie. Mais de nouveaux domaines donnent de nouveaux besoins, de nouvelles

relations, et celles-ci créent à leur tour de nouvelles idées. Prenons de nouveau la carte de
géographie ; parcourons de l'œil l'étendue et
la situation des terres conquises depuis 60 ans
par la Russie sur les Turcs et les Tartares, sans
oublier les Polonais. Voyez leur immensité,
songez à leur fertilité ; ne sont-ce pas elles qui
déjà couvrent les marchés de l'Europe, qui
les ignorait avant cette époque, et qui en ex-
cluaient ses propres produits sans les obstacles qu'une surveillance défensive est obligée
de dresser et de maintenir contre elle ? La
Russie méridionale, par la fécondité de ses
champs et le bas prix du travail, serait en état
de frapper de stérilité tous les champs de l'Europe. Une nouvelle rivalité anti-européenne
s'est élevée dans ces contrées, et ne peut manquer d'exercer une puissante influence sur toute
l'économie agricole et financière de l'Europe.
Mais quels sont les véhicules actifs de ce commerce ? Ce sont les fleuves et les cours d'eau
multipliés, qui de toutes les parties de la Russie
affluent vers le midi, en recevant sur leur passage toutes les eaux de l'intérieur de l'empire,
*le Niester, le Borysthène, le Don,* et les autres
moins connus qui viennent se perdre dans
ceux-ci, et qui tous traversent la Russie mé-

ridionale. Ces fleuves communiquent entre eux par des canaux intérieurs, et lient ainsi Pétersbourg avec Astracan. Les affaires de la Russie prennent donc inévitablement leur cours vers le midi; là se portera le commerce avec la richesse. Ce commerce, cette richesse, ne peuvent être dirigés convenablement de si loin; il est impossible à la longue que Pétersbourg gouverne suffisamment le mouvement de population et d'affaires qui s'agglomèrent dans le midi de la Russie. Elle ne compte encore qu'un *Odessa;* combien d'autres sont à naître par les mêmes mobiles qui ont donné la naissance à celui-ci? Il en sera du midi de la Russie, comme on voit en être de l'Amérique du nord, et comme il est indubitable qu'il en arrivera de l'Amérique du sud; car les élémens des progrès sont égaux et semblables dans les trois contrées. En Russie, les affaires se portent évidemment vers le midi de l'empire; elles iront toujours en croissant. Le débouché des produits de l'empire se trouve dans cette direction; par elle, la mer Noire va comme remonter à ses anciennes destinées : deux fois elle fut le siége d'un commerce qui forma les villes qui couvraient la Taurdie et les bords méridionaux de l'Euxin. Aux temps anciens fleurissaient sur ses

bords ces peuples riches et nombreux, chez lesquels, comme l'a observé Montesquieu, Mi-
thridate puisa les moyens de sa résistance contre
les Romains. Dans les temps modernes, Gênes et
Pise trouvèrent aussi de grandes richesses aux
mêmes lieux. De plus hauts destins, des richesses
bien plus grandes sont prêtes à se révéler dans
ces mêmes contrées ; ce sera l'ouvrage de la
domination russe, qui attire vers elle la plus
grande partie du commerce de l'empire. Ce que
la barbarie turque et tartare a détruit, la civilisation et la richesse, en se développant en
Russie, le referont ; on verra cette terre reprendre une nouvelle jeunesse ; les déserts actuels seront fécondés, ils se couvriront de population, la force de l'empire s'y établira à la
suite de ces progrès. Jamais les contrées russes
du nord ne s'élèveront au même degré, les
élémens n'en existant pas chez elles. Il faut
ajouter à ces principes d'attraits vers le midi,
la différence du climat, les douloureuses privations d'un côté, avec les jouissances de
l'autre, l'importance des affaires, soit politiques, soit commerciales, la difficulté de régir
de loin des affaires nombreuses et compliquées,
telles que sont les affaires commerciales, enfin
les incommodités de longs déplacemens pour

le prince, pour ses agens et pour les troupes
qui doivent passer du nord de l'empire au
midi. De la Baltique à la mer Noire, le trajet
est long, dispendieux; la fatigue et les incommodités de pareils déplacemens doivent jalon-
ner les routes de traîneurs et de malades. La
garde impériale, partie de Pétersbourg le
17 mai, ne peut arriver sur le Danube avant le
15 juillet; voilà la plus belle partie de la saison
consumée dans une marche de plusieurs cen-
taines de lieues, à travers un pays qui n'offre
pas les ressources qui abondent dans l'occident
de l'Europe. De l'ensemble de ces considérations, il ressort un besoin évident de la trans-
lation de la capitale de l'empire vers le midi.
Les grandes affaires de cet empire ne sont pas
plus à Pétersbourg dans le nouvel ordre de
l'Europe, qu'elles n'étaient à Moscou à l'époque
du czar Pierre. Ce nouveau changement sera
une obéissance de plus aux nécessités du pays.
Deux fois l'empire a été transféré, parce que deux
fois l'empire a changé son existence; il sera transféré une troisième fois, parce qu'il a changé une
nouvelle fois. Ce n'est pas une chose de choix,
ni de fantaisie, mais de nécessité, et les états,
comme les particuliers, dans leurs établissemens, sont bien obligés de suivre les vicissi-

tudes de leur fortune, et de s'y conformer ; on
ne lutte pas impunément contre elles. Voyez
ce que, depuis trois cents ans, est devenu Ma-
drid, au sein de la vieille Castille, où il ne
répond à aucune des nécessités de l'Espagne ?
La capitale des souverains d'une partie de l'Europe et de l'Amérique est restée une ville de
cour et de moines ; les affaires et la richesse de
l'état sont à Cadix, à Barcelone et sur le littoral de la péninsule. Les emplois, les faveurs,
les intrigues se font et se distribuent à Ma-
drid ; mais il faut autre chose pour faire les
grandes capitales. La Russie ne peut manquer
d'en avoir une digne d'elle ; mais ce n'est
plus à Pétersbourg qu'elle peut se former ;
trop de choses s'y opposent, et trop de choses
marquent la place de cette capitale vers le
midi de la Russie.

# CHAPITRE XI.

## *Effets de la tendance du commerce russe vers le Midi.*

Les accroissemens de la Russie vers le midi de l'Europe orientale vont attirer dans cette direction la plus grande masse des affaires de cet empire. Avec le temps, elles deviendront immenses; ce commerce réagira sur celui du monde entier, et à son tour, celui-ci voudra y prendre une part directe. Il le fait déjà : tous les pavillons de l'Europe s'introduisent dans la mer Noire; celui des États-Unis a déjà pris ce chemin. Encore un peu de temps, les nouveaux états américains suivront la même route ; et l'on ne voit pas à quel titre elle pourrait leur être fermée. La mer Noire ne peut donc manquer de devenir le siége d'un très grand commerce. Ici commence la difficulté, elle se fait déjà ressentir; car dans son manifeste, l'empereur Nicolas parle d'assurer et de mettre hors de toute gêne avenir la liberté de ce commerce; en cela, ce souverain fait les

( 66 )

affaires de l'Europe autant que celles de son
propre empire. C'est là un de ces intérêts vi-
taux qui n'admettent pas de transaction. Tant
que les établissemens russes du midi ont été
incomplets, l'ancien ordre commercial de ce
pays a pu être maintenu ; mais depuis que le
poids et les affaires de l'empire inclinent visi-
blement vers cette direction, un changement
est devenu indispensable. Conçoit-on que
l'Angleterre laissât son commerce assujetti au
*libre transit* de la Manche, accordé par la
France, et révocable à sa volonté. Cependant,
telle est précisément la position du commerce
russe de la mer Noire, à l'égard de la Turquie ; il ne peut se faire que par sa permission. Cet état pouvait être toléré lorsque la
Russie était barbare et étrangère à l'Europe
et à la civilisation, lorsqu'il y avait égalité
de forces entre les deux empires ; mais depuis
que la Russie a pris part aux mœurs et aux
affaires de l'Europe, depuis qu'elle a acquis
une supériorité décidée sur la Turquie, il est
impossible qu'elle veuille rester assujettie à un
ordre fait pour un autre temps, et qui, par
sa discordance avec celui-ci, la blesse dans
ses plus vifs intérêts. Ici se marque le combat
de la nature avec la politique : la première

n'a créé qu'un étroit passage vers les lieux qui appellent un grand mouvement d'affaires; la politique a donné à un seul la possession de ce passage, si nécessaire à tous. Une puissance supérieure en réclame la liberté absolue : là commence une grande difficulté. La position tant vantée de Constantinople, ne jouit de ses avantages que lorsque cette cité est la capitale d'un état qui s'étend au loin. C'est ce que Constantin avait très bien vu; il plaçait sa ville au centre de ses états : cette position était admirablement bien choisie; mais à mesure que l'empire se resserra, Constantinople perdit son importance, et lorsqu'il fut devenu une ville frontière par l'occupation de l'Asie - Mineure par les Turcs, il succomba. Ce que les invasions des Barbares et les Turcs firent à ces époques reculées, la Russie le renouvelle par ses accroissemens successifs. Voilà de nouveau Constantinople devenu ville frontière : tout le nord de l'ancien empire Ottoman a passé dans les mains de la Russie; celle-ci tend vers de prodigieux accroissemens de culture et de commerce; elle n'a pas d'autres débouchés pour son commerce vers le midi que le passage du Bosphore et celui des Dardanelles. D'un autre côté, le commerce de l'Europe, vers ces contrées, doit se faire par la même route; mais comment cette liberté pourra - t - elle s'arranger,

1°. Avec le siége de l'empire Ottoman à Constantinople. Tout vaisseau allant à la mer Noire, ou en revenant, doit passer sous les murs du Sérail. Le Grand - Turc se tiendra-t-il content de n'être plus qu'un simple capitaine de port, et la liberté absolue de ce passage ne le réduit-elle pas à ce rôle?

2°. En temps de guerre, le passage sera-t-il fermé à la Russie? et ce n'est plus guère qu'avec elle que la Turquie peut avoir à combattre. Si la guerre interdit le passage, les affaires de toute la Russie méridionale ne tomberont - elles pas dans un état de souffrances très graves pour ce pays, et très propres à le porter à l'irritation. Qu'éprouveraient la France et l'Allemagne si tout leur commerce était astreint à suivre le cours de la Tamise, et à passer sous les canons de la tour de Londres? Les deux rivages du canal appartiennent à la Turquie : comment le partager? ce serait se donner deux maîtres au lieu d'un. Si la Turquie d'Europe reste au Sultan, s'il passe en Asie, autant d'hypothèses nouvelles, comme autant de nouvelles difficultés. Ce passage sera-t-il déclaré terre neutre? Pour.l'assurer, prendra-t-on le territoire qui forme les deux rivages? Il est évident qu'il y a là une question d'un ordre absolument nouveau, créée par le développement de la puissance russe, et par les progrès de la civilisation et du commerce dans le midi de cet empire. Le manifeste russe indique bien le sentiment de ce nouvel ordre de choses; mais pour le régler convenablement, la diplomatie aura beaucoup à faire, car il comporte un grand mélange d'intérêts. Il est bien facile de voir que, de toutes les questions qui ont donné lieu à la guerre actuelle, celle-ci sera la plus difficile à résoudre. Nous ne terminerons pas ces observations sans faire remarquer une singularité particulière à la Russie, par rapport à la navigation. Quatre mers sont ses véhicules; toutes les quatre sont des mers fermées : 1° la Caspienne, mer intérieure, n'a pas d'issue; 2° la mer Blanche est inabordable la plus grande partie de l'année; 3° la Baltique est fermée par le Sund et Héligoland; 4° la mer Noire, fermée par le Bosphore et les Dardanelles.

# CHAPITRE XII.

## Mode de la prépondérance de la Russie sur l'Europe.

J'entends me demander : mais comment s'exercera cette prépondérance dont on montre le spectre effrayant ? La Russie aura-t-elle aussi ses proconsuls comme l'ancienne Rome ? enverra-t-elle, comme elle fit en Pologne, des nouveaux Repnin, des nouveaux Kaiserling ? imposera-t-elle chez les uns, comme elle fit en Courlande, de nouveaux Biren ? se jouera-t-elle de ceux qu'elle aura élevés, comme elle fit de Poniatowski ? substituera-t-elle sa propre dynastie aux anciennes, comme avait fait Napoléon ? La réponse à ces questions est facile.

1°. Le pouvoir est créé ; il peut tout ce qu'il voudra. A qui appartient-t-il d'en borner l'usage, ou de répondre de celui qui en sera fait ? Pour celui-ci, trop souvent, la justice, c'est son utilité, et son caprice est son plaisir. Le pouvoir altère plus qu'il ne rassasie ; il a toujours quelques désirs à satisfaire, et ceux qui en approchent n'ont-ils pas toujours quelques vœux à former et à lui adresser. Les guerres ont été plus souvent le produit des intérêts privés des courtisans, que celui de l'ambition des princes (1), et surtout que celui du bien même de l'État. Les hommes commencent par désirer le nécessaire; celui-ci obtenu, ils ambitionnent le luxe. Napoléon consul, passe à l'empire; peu de temps après, sa famille occupait les trônes de beaucoup de familles royales. La modération n'est pas absolue, mais relative : ne pas pousser ses avantages jusqu'au dernier terme, céder de ce que l'on pourrait retenir, est de la modération réelle. Ainsi, si dans la guerre actuelle la Russie ne s'approprie pas toute la partie du territoire ottoman dont elle peut se saisir, il y aura modération de sa part; elle s'en glorifiera et elle sera célébrée. Mais il ne s'ensuivra pas moins accroissement pour sa force déjà trop grande, et affaiblissement des obstacles qu'elle pourrait rencontrer à l'avenir; par conséquent affaiblissement réel pour ceux qui ont besoin

-----

(1) *Voyez* les guerres suscitées par le duc de Buckingham, Louvois, Albéroni, Potemkin, etc.

d'appui contre ce pouvoir gigantesque. Faites l'application de ce principe à la Prusse et à l'Autriche ; qu'elles succombent dans une lutte contre la Russie, et cela est inévitable. Que, par modération, celle-ci se contente de la moitié de ce qu'elle aura pris, ce sera encore de la modération ; mais les deux états ne seront pas moins blessés profondément, et ceux auxquels ils servent de défenseurs n'en seront pas moins affaiblis. Allons plus loin, et accordons à la Russie ce désintéressement qui, jusqu'ici, n'a pas plus été l'appanage des états que celui des individus. Admettons que la Russie renonce à toute extension territoriale ; mais la totalité de son pouvoir lui restera, et, dans cet état, ne porte-t-il pas en lui un principe de suprématie, qui ne permettra pas aux autres d'agir sans s'enquérir auparavant de ce que l'on fait, de ce que l'on dit, de ce que l'on en pense à Pétersbourg. Eh bien ! cela seul constitue la dépendance, exclut la liberté, et relègue parmi les courtisans. Voilà précisément l'état dans lequel était tombée l'Europe aux jours de Napoléon ; alors observer ses mouvemens, les deviner, s'y conformer, lui plaire, était l'existence du continent. Pour s'affranchir de cette contrainte,

source d'humiliations, l'Europe a fait de
grands efforts; un autre joug, bien plus
difficile à rompre, va courber de nouveau sa
tête. Que ce joug ne s'écarte pas trop des
formes civiles adoptées par les peuples civilisés, cela pourra être, durer quelque temps;
mais ce joug, semblable au glaive de Damo-
clès, n'en sera pas moins toujours présent
pour inspirer la frayeur, et cela seul suffit
pour exclure l'idée de liberté et d'indépendance. Comme au temps de Rome, la Russie
n'enverra pas d'insolens Popilius tracer un
cercle insultant autour des souverains de notre
continent; elle n'ordonnera pas aux uns de
s'abstenir de la guerre ou de la cesser; elle
ne réglera pas l'intérieur des familles régnantes
comme le prétendit et l'accomplit Rome; elle
ne déclarera pas ses alliés sacrés et inviolables,
comme le fit la fière république; mais sa vue
portera l'épouvante et réglera les démarches;
mais ses insinuations seront des ordres; mais
lui déplaire sera un malheur, une crainte, et
les disgrâces, de la part de Pétersbourg, seront redoutées par la plupart, comme les disgrâces du palais le sont par les courtisans.
Voilà le régime le plus doux que le continent
soit fondé à attendre de la part de la Russie,

dans l'état de suprématie auquel elle est par-
venue. L'orgueil peut en murmurer et affecter
l'incrédulité contre la réalité de cet état, il ne
faut pas lui refuser cette consolation, quelque
peu durable qu'elle soit. Mais toutes ses ré-
pugnances à reconnaître l'état des choses ne les
changent pas; elles sont telles, et l'avenir ne fera
que consacrer d'une manière trop sensible leur
déplorable existence. Les courtisans du pouvoir de Napoléon n'auront que la peine de se
retourner pour porter à Pétersbourg les hommages qu'ils rendaient naguères à Paris : il
n'y aura de changé que la durée, et quelquefois la dureté. Les voyages de Paris offraient
plus de facilité et d'agrément que ceux de Pétersbourg.

Cela me conduit à expliquer un mot de
Napoléon, que, dans les circonstances actuelles, il est bon de ne pas laisser perdre.
Les paroles des hommes de génie sont le domaine de ceux qui les suivent, et autant de
flambeaux dont il ne faut pas laisser la clarté
se perdre; il n'y a jamais trop de celle-ci.

# CHAPITRE XIII.

## Mot de Napoléon.

*Dans cinquante ans l'Europe sera cosaque ou république...*

Ceux qui ont approché Napoléon savent, 1° qu'il usait habituellement du mot de Cosaque au lieu de celui de Russe; ainsi il a voulu dire que l'Europe serait russe; 2° que les locutions bizarres lui étaient familières, mais que sous une enveloppe souvent étrange, presque toujours, elles cachaient un sens profond; 3° que son génie excellait dans ces aperçus rapides, lointains, et dans un germe lui découvrait tous ses développemens. C'était un des attributs principaux du génie de cet homme extraordinaire : voir plus vite, plus haut, plus loin que tous les autres.

La singularité de ce mot, je ne le dissimule pas, m'avait détourné de m'en occuper; les évènemens, avec leur urgence, m'y ont ramené : j'ai cru en reconnaître le fond, et il m'a paru profond. Il a été inspiré par deux considérations également justes : 1° Napoléon était singulièrement frappé des conséquences inévitables de la puissance russe; il sentait tout le poids dont elle s'apprêtait à peser sur l'Europe; il la voyait immense en territoire, en population, inattaquable sur ses flancs, inaccessible par son climat, toujours prête à verser ses armées sur l'Europe; il avait terrassé la garde impériale russe dans les champs d'Austerlitz, il la retrouva sous les murs de Dresde, sur les hauteurs de Paris. Lorsqu'il avait le pouvoir, il voulut le faire servir à l'affranchissement de l'Europe, en recréant la Pologne, ce qui était rejeter la Russie en Asie. Là finissaient les dangers pour l'Europe. Jamais idée plus vaste ni plus salutaire pour l'Europe n'avait été conçue.

2°. Napoléon avait acquis un grand usage de la diplomatie européenne. Il avait la connaissance de ses préjugés, de ses faiblesses, de ses intérêts, de ses divisions. En comparant toutes ses infirmités et ses déliaisons avec la masse compacte de la Russie, avec l'unité de ses vues, de ses intérêts, de sa direction, il apercevait une grande disproportion entre les deux parties, et rien n'était plus juste. Passant de là au sentiment que le défaut d'une garantie suffisante était propre à inspirer aux habitans du continent, il en concluait : 1° que les gouvernemens actuels étaient trop faibles pour se défendre du joug de la Russie ; 2° que l'énergie républicaine était seule capable de protéger les peuples contre elle ; 3° que le besoin de cette défense pourrait les porter à rechercher en eux-mêmes les garanties que leurs gouvernemens ne leur offriraient pas. Abandonnant l'examen de la justesse de la pensée, je me borne à en rechercher le sens, et celui que je crois y avoir découvert ne paraît pas manquer de probabilité (1).

------

(1) J'ai souvent entendu Napoléon s'expliquer ainsi à l'égard de la Russie ; et quand il lui plut de m'associer à l'exécution de ces projets, en me confiant l'ambassade de Varsovie, il m'exposa et m'exprima sa pensée à cet égard, avec une fermeté qui était un sûr garant de sa sincérité. Mais plus Napoléon voulait écarter la Russie de l'Europe, plus l'empereur Alexandre et son peuple voulaient y rester ; ainsi la question entre les deux contendans était celle-ci : *la Russie sera-t-elle de l'Europe ou seulement de l'Asie?* La querelle, comme on l'a si mal jugée, n'était pas entre deux hommes, mais entre deux choses : *être ou n'être pas de l'Europe.* C'est le sentiment des conséquences de cette alternative, qui a fait embrasser à la Russie et qui lui a fait supporter avec tant de persévérance la dure carrière dans laquelle elle entra alors. Elle vou-

# CHAPITRE XIV.

*Impôt mis sur l'Europe par la Russie.*

La France vient d'ajouter, aux frais de son armemement ordinaire, une somme de 80,000,000 fr. D'où provient cet accroissement de dépense? De la nécessité de se pré-

---

lait rester *de l'Europe;* elle a tout sacrifié dans ce but; elle l'a obtenu. Et ce qu'il y a aussi de bien remarquable, c'est qu'un homme de génie, tel que Napoléon, lui qui avait si bien jugé que l'empire du continent se balançait entre l'empereur Alexandre et lui, ait pu tomber dans une méprise pareille à celle qu'il a nourrie comme à plaisir, et qui l'a précipité dans l'expédition de Russie; et cette méprise était celle de borner le principe de la résistance de la Russie au caractère personnel d'Alexandre, au lieu de le placer dans la nature même de la puissance russe, qui devait résister à son effacement en Europe. Napoléon, qui accordait beaucoup d'estime aux qualités du cœur de l'empereur Alexandre, ne prisait pas également la force de son caractère. Vingt fois il a répondu à mes observations sur la guerre de Russie : *Je connais l'empereur Alexandre, il est faible.* Il allait jusqu'à dire: *Il se mettra à genoux*

parer, en cas d'évènement, contre les prétentions de la Russie. Ici, je ne prends la France
que comme exemple, comme nominatif, pour
faire mieux comprendre ma pensée. Dans notre
civilisation, il n'y a rien d'isolé entre les peuples ; ils réagissent sans cesse les uns sur les autres. Chaque bataillon levé chez l'un en fait
fait lever un autre chez ses voisins : ainsi le
veut le maintien de la sûreté réciproque. Les
barbares du Nord, qui ont fait la civilisation

---

quand il me verra à Moscou ; il ne supportera pas l'i-
dée de la prise de sa capitale. C'est sur cette donnée,
on peut en être sûr, qu'il s'est décidé à son expédition.
*Je prendrai Moscou, je brûlerai Toula* (c'est le grand
arsenal de la Russie), *voilà la Russie désarmée.* Telles
étaient habituellement ses paroles ; du reste, il voulait
fermement la Pologne intégrale, et si la Russie eût fait
la paix, il l'aurait eue. Ce rétablissement était arrêté
dans son esprit. Du reste, il ne prétendait pas retrancher à la Russie un village au-delà de la Duine et du
Borysthène. Tout ce qui a été dit de contraire à ce qui
est consigné ici, est dépourvu de vérité. Alexandre et
Napoléon sont morts ; la liberté, que les convenances
restreignaient à d'autres époques, est rendue par leur
entrée dans le domaine de l'Histoire. Celle-ci, pour ne
pas s'égarer, doit s'écarter de tout récit contraire à
celui qui est ici tracé.

du continent, vivaient toujours en armes. Les particuliers se modelaient sur la société générale, et ne se séparaient pas de leurs armes. De là la fureur des duels, et, sur une plus grande échelle, la fureur des combats, et toujours pour la même raison, *le port d'armes continuel.* Les armées sont devenues permanentes; leur nombre n'a plus connu de bornes: c'est à qui en réunira la plus forte masse. Louis XIV élève son militaire à un degré inconnu en Europe; celle-ci lui en oppose un supérieur, et peu s'en fallut qu'il ne payât chèrement les trente années de sa supériorité. Napoléon a fait de même; il a trouvé une opposition encore plus forte, et une fin encore plus dure. Dans le temps actuel, la Russie effraie l'Europe par la montre de son million de soldats, par la force de son organisation militaire. Pour le soin de leur sûreté propre, les autres états forcent leurs moyens naturels pour se rapprocher, autant que possible, de l'état militaire qui les menace. La Prusse et l'Autriche, par des moyens divers plus ou moins économiques, ont cherché à se ménager des moyens de défense contre les attaques qu'elles peuvent craindre.

Voilà donc que, par le seul fait de l'exagération des forces d'un seul, tous se trouvent grevés, et par suite imposés. On n'a pas de soldats sans argent ; et plus on a de soldats, moins on a d'argent disponible. La Russie compte près d'un million de soldats ; le reste de l'Europe eu renferme environ 1,200,000. L'impôt foncier de toute l'Europe ne suffit point pour entretenir bien pauvrement cette masse armée, oisive, et qui forme un retrait à toutes les professions lucratives. La France emploie pour son militaire actif 200,000,000 fr. ; pensions et traitemens militaires, 47,000,000 fr. ; pour la légion d'honneur, presque toute affectée au militaire, 10,000,000 fr. Ce fardeau est énorme. Voilà qu'un mouvement de la Russie vient d'y faire ajouter 80,000,000, qui deviendront une charge permanente ; car il est bien évident que le gouvernement français voudra tenir des forces suffisantes en état d'agir suivant les circonstances ; et il est bien évident encore que l'aspect du pouvoir, qui dans ce moment force à cet armement, agira continuement, et qu'on se sentira obligé de proportionner ses moyens à ceux que la Russie pourrait déployer. Eh bien, le budget militaire de la France dépasse le montant de son impôt foncier ? Trente-trois millions d'hommes doivent travailler, suer, se priver, porter le fruit de leur travaux à moins de 300,000 soldats. Et qui cause et continuera de causer cette surcharge ? La Russie, avec ses immenses armées, ministres de ses volontés et peut-être de ses fantaisies. On ne peut pas s'abandonner sans garanties à celles-ci ; le seul moyen d'en diminuer la rigueur est d'être en mesure de leur résister. Mais pour le faire, il faut s'armer à l'instar de la Russie, proportionner ses armemens propres aux siens ; mais comme cela ne se fait qu'avec de l'argent, et comme l'argent ne provient que de l'impôt, il s'ensuit, par une conséquence forcée, que l'exagération de la puissance russe retombe en impôts sur l'Europe, et que, par là, partout, quoiqu'on en ai dit, le budget est de nature à ne pouvoir être refusé. Il en est de même à l'égard de l'Angleterre : quand on bâtit un vaisseau à Portsmouth, on en construit parallèlement un à Brest. Ainsi l'Angleterre concourt, par sa prodigieuse marine, au budget de la marine française, comme la Russie, par ses immenses armées, contribue au budget français, à l'article de la guerre.

FIN DE LA PREMIÈRE PARTIE.

# SECONDE PARTIE.

———◦———

1°. *Affaire de l'Orient. Ses diverses phases.*

La nature de l'insurrection des Grecs est bien connue aujourd'hui. On n'en est plus aux déclamations légitimaires qu'elle fit naître à son début ; on n'en est pas davantage *à l'apparition du signe révolutionnaire du côté de l'Orient,* ainsi qu'on le proclama à Laybach : tous ces jugemens sont effacés, comme le sont ceux des partis qui ne laissent rien après eux. C'était l'esprit du temps de rapporter tout à la légitimité et à la démocratie, de montrer des insurrections révolutionnaires partout où l'on voulait cesser de souffrir, et d'attendre le redressement des torts de la main même de ceux qui en profitaient. C'est à cette absurdité que les principes de cette époque condamnaient l'espèce humaine. Ce qui a dû arriver est arrivé, tant la nature des choses est forte, ou plutôt invincible. Les opprimés ont lutté pendant six ans avec une admirable constance. La vue de leurs souffrances a ébranlé l'Eu-

6..

rope ; on s'est enfin souvenu que l'on était homme. La conscience du genre humain a triomphé de la froide politique ; si elle ne l'a pas réchauffée, du moins en la plaçant en regard de l'humanité, elle ne lui a plus permis l'indifférence, et ceux qui d'abord avaient repoussé les soupirs et les requêtes de la Grèce, qui avaient déclaré la question grecque une question de légitimité entre le Sultan et les Grecs, qui avaient offert leur assistance à celui-ci pour ramener au devoir des sujets émancipés (1), ceux-là même, assaillis et comme enveloppés par le cri public de l'Europe, se sont enfin décidés à s'occuper, quoique tardivement, de porter quelque adoucissement au sort d'hommes devenus l'objet de l'intérêt de l'univers. De là est venue la convention du 6 juillet 1826, base de l'alliance entre les trois puissances. Tels sont les degrés qu'a parcourus cette cause. Plusieurs choses parurent évidentes dès la première apparition du plan des alliés :

1°. Qu'il était insuffisant pour la Grèce, mais suffisant pour irriter l'orgueil ottoman, et le porter à des extrémités;

---

(1) *Voyez* le manifeste ottoman, octobre 1827.

2°. Qu'il renfermait une complication dans l'intérieur même de l'alliance, de laquelle pouvait naître prochainement sa dissolution.

L'accomplissement a suivi de près ces prévisions.

Une armée russe, impatiente de combats, a été rassemblée, depuis beaucoup d'années, sur les bords du Danube. Jamais réunion d'armée sur des frontières n'a été sans beaucoup d'ombrages pour les voisins. La Turquie s'est alarmée de ce voisinage ; elle s'est irritée, et, à la manière des gens imprévoyans, elle a cru devoir récriminer, faire valoir des griefs, des prétentions. De là le traité d'Ackermann, qui a aggravé sa position : c'est la solution ordinaire de ces boutades d'humeur de la part du faible à l'égard du fort ; elles finissent toujours au désavantage du premier. A Ackermann, la Turquie a passé sous les fourches Caudines. Mais l'orgueil répudie bientôt les concessions de la peur ; et, quand il se croit en sûreté, il déchire tous les voiles, découvre le fond de sa pensée, et rejette au loin ses engagemens comme un fardeau qui l'oppressait. N'est-ce pas là ce que l'on a vu, et le manifeste ottoman est-il autre chose que la manifestation de cette vérité ? Il était bien impossible que l'orgueil ottoman, à son tour, ne révoltât la fierté russe. Le Sultan s'est exprimé avec l'orgueil brutal de la barbarie ; l'empereur russe a parlé avec la fierté de la puissance civilisée : l'un a fait parade de sa mauvaise foi, l'autre de sa droiture. Le premier s'est déclaré incompatible avec l'Europe chrétienne ; le second ne s'est déclaré incompatible qu'avec la mauvaise foi, et l'incertitude des garanties réclamées pour les intérêts commerciaux de son empire. L'avantage de la polémique est resté à la Russie. Le triomphe de son cabinet a été aussi complet que le seront ceux de ses armées. Là-dessus elles ont marché, avec des cris de joie répétés dans tout l'empire.

## 2°. *Forces relatives de la Russie et de la Turquie.*

L'immensité d'un côté, le néant de l'autre ; le désordre chez les uns, l'organisation la plus forte chez les autres ; une promenade militaire d'une part, une défense tumultuaire de l'autre : de là on doit conclure que les armées russes chasseront devant elles les hordes turques, comme le vent chasse la poussière. Aucune ré-

sistance, soit suffisante par sa force, soit com-
binée, organisée, dirigée vers un but raisonnable, n'aura lieu de la part des Turcs. Le Sultan a été bien mal inspiré, lorsqu'il a pris, pour
braver un adversaire de la force de la Russie, le
temps auquel il passait de l'ancienne organisation
militaire à la nouvelle : ce passage est toujours
le temps de la plus grande faiblesse ; car alors
on est privé de son ancienne force, et l'on ne
jouit pas encore de la nouvelle. Le Sultan a fait
étourdiment, en 1828, ce qu'il ne pouvait faire
sans danger, même en 1838. Entré dans la carrière des réformes, il devait se donner le temps
de les compléter, de les généraliser dans l'empire, et de s'assurer de leur solidité par des
épreuves préalables. Mais provoquer, affronter
la Russie avec une armée mi-partie de l'ancien
et du nouvel ordre militaire, faible en nombre,
incohérente dans ses élémens, sans chefs expérimentés ; donner à ces novices, pour coup
d'essai, un choc contre les vétérans de Fried-
land, de la Moscowa, de Leipzig, c'est un acte
d'insanité vraiment inexplicable. Il semble y
reconnaître les impulsions de la destinée, qui
précipite ses victimes vers le terme qu'elle leur
a marqué. Quand le dernier empereur de Constantinople périt, il n'avait pas été chercher

Mahomet II; seulement il se trouvait sur le passage du torrent, qui ne pouvait plus être arrêté ; il fut englouti, comme tout l'avait été avant lui. Mais l'action de Mahmoud est de son choix, libre, et assez libre pour résister à tous les conseils et à toutes les remontrances des puissances intéressées à sa conservation, et dont les intérêts lui garantissaient la sincérité ; mais la fausse application d'un principe, vrai sous quelques rapports, l'a égaré : *Les musulmans sont naturellement ennemis des chrétiens, et les chrétiens le sont aussi des musulmans : toutes les puissances chrétiennes nourrissent le désir de la destruction de la puissance ottomane.* Voilà le manifeste ottoman et ce qui paraît avoir maîtrisé l'esprit du Sultan. 1° Système faux ! Entre états, la différence du culte ne crée pas d'incompatibilité politique. Le même état renferme des sectes religieusement ennemies. Depuis François I<sup>er</sup>, les Turcs et les Français sont musulmans, chrétiens et alliés. Il faut qu'il se soit trouvé à Constantinople *quelques jésuites turcs* qui aient imbu l'esprit du Sultan de cette belle maxime. 2° Loin d'aspirer à la destruction de l'empire ottoman, les puissances chrétiennes considèrent son maintien comme un objet de premier

intérêt pour elles, non pas à cause de lui-même,
si l'on veut, mais à cause de son opposition à
la Russie. La Suède, la Prusse, l'Autriche,
la France, l'Angleterre, et sûrement le corps
de l'Empire germanique, n'ont pas une autre
pensée (1). Aucune de ces puissances ne peut
rien s'approprier du territoire turc : ce que
l'Autriche pourrait acquérir serait compensé
par une acquisition parallèle de la part de la
Russie, ce qui la laisserait au point où elle se
trouvait avant cette inutile acquisition. Les
motifs qui ont poussé le Sultan à une résolu-
tion aussi désespérée sont donc dépourvus de
toute réalité : ce sont les produits d'une *idée
fixe*, dont le propre est de fermer tout accès
à la droite raison présentant des idées plus
saines, en un mot, c'est la mère de la folie. Je
ne doute pas que, dans les nombreuses re-
présentations dont la diplomatie européenne
a comme persécuté le divan, elle ne lui ait
donné les assurances les plus rassurantes
à cet égard; qu'elle ne lui ait dit cent fois ce

---

(1) Les publications françaises et anglaises en ont
souvent fait mention ; il est facile de voir que ce maintien, tout irréfléchi qu'il est, forme encore le fond de
la politique orientale des cabinets de l'Occident.

que nous venons d'écrire; mais la mauvaise
étoile de l'empire ottoman, ou le mauvais esprit du Sultan l'ont emporté; il a marché à
l'aveugle, en voulant avoir l'air de marcher
avec un haut courage; il a voulu faire montre
d'un caractère inflexible, inaccessible à la
crainte, supérieur au danger. Mais est-ce donc
que les empires doivent être sacrifiés à la vanité de leurs chefs, à la gloriole d'étaler leurs
qualités propres? Est-ce donc que cent ans
de revers dans toute lutte contre la Russie, ne
renfermaient pas quelque enseignement sur l'a-
venir? Comment, après avoir succombé cons-
tamment sous la Russie à peine entrée dans la
civilisation, et dépourvue des avantages qu'elle
tient de ses conquêtes sur la Turquie même,
comment se flatter de l'espoir de quelque succès
contre elle, forte de tous les avantages de la
civilisation, ainsi que d'une organisation et
d'une expérience militaire perfectionnées? Le
Sultan pourra-t-il faire fonds sur ses nouvelles
troupes? Mais, 1° en quel nombre existent-
elles? 2° quelle est leur instruction? 3° leur
accord avec les autres troupes turques? Une
poignée d'hommes ne doit-elle pas se briser
contre les masses russes? L'exemple de la
Perse, entrée bien à la légère dans une guerre

contre la Russie, ne devait-il pas parler à l'esprit du Sultan, et lui montrer quelle serait l'issue de la sienne? L'obstination de ce prince dans cette expédition est vraiment inconcevable; il périra par ce qui le fait valoir, par ce qui fait rehausser son caractère. On dit ce caractère grand, fort; mais qu'est la force sans discernement? La force, à part de la raison, est l'apanage de la brute, aussi bien que celui de l'homme; elle n'a droit à l'estime, elle n'est utile et vraiment efficace que lorsqu'elle est réunie à la raison dans la recherche d'un but judicieux, poursuivi par des moyens bien adaptés à ce but. Hors de là, on n'aperçoit plus que cette force aveugle dont le poète a dit :

*Vis consilii expers,*
*Mole ruit suâ.*

Les firmans qui appellent les musulmans à prendre les armes dans cette *guerre sainte,* donnent à penser que le Sultan a compté sur l'enthousiasme religieux de ses peuples. Il ne tardera pas à reconnaître son erreur, et à en subir les conséquences. Le feu sacré est éteint en Orient comme en Occident; il ne se rallumera dans cette contrée pas plus que dans l'autre : on ne voit pas deux fois la Vendée ni Saragosse ; le temps de ces enthousiasmes est passé. A force d'avoir pesé sur les peuples, les gouvernemens les ont brisés ; et quand, au jour du danger, ils viennent leur demander ardeur, enthousiasme, on répond autour d'eux, là où l'on espère d'être aperçu, où l'on peut craindre de l'être, mais tout le reste se montre froid, et laisse son immobilité répondre : eh ! que m'importe à moi. Des Turcs assoupis ou abrutis n'attachent aucune signification aux mots d'honneur et de patrie ; ils se défendent comme les animaux à l'entrée de leur tanière, et y meurent, mais sans éprouver le besoin de donner à la société, et d'en recevoir à leur tour, le secours que le citoyen lui porte et en attend. D'ailleurs, est-ce quand l'ennemi frappe aux portes de l'empire, lorsqu'il y entre à flots pressés, à pas accélérés, que ces appels peuvent avoir quelque efficacité ? Quelle résistance peut opposer à des masses qui agissent sous une direction savante, une populace sans ordre, sans armement régulier, sans chefs expérimentés ou respectés. Il n'y a là que principe de désordre, d'embarras, et nullement de force. Des hordes pillardes se jetteront sur les bagages de leur propre armée, plutôt

que sur les baïonnettes ennemies ; elles l'affa-
mieront en portant la dévastation partout où
elles portent leurs pas et leurs mains ; ce sont
des fléaux et non des défenseurs. Il paraît que
ces appels au fanatisme religieux des Osmanlis
n'ont rencontré parmi eux que des *tièdes ;*
les imans peuvent crier tant qu'ils voudront,
du haut des minarets,

L'auditoire sera sourd aussi bien que muet.

La réalité des choses est celle-ci : les Turcs
n'ont pas d'armée ; ils fuiront devant les Russes,
et feront bien. Les Russes sont assez nombreux pour faire à la fois les siéges et les blocus des places turques. Pendant ce temps,
la grande armée russe marchera sur Constantinople ; l'empereur Nicolas y entrera à jour et
heure indiqués, et, suivant toute apparence,
il ne trouvera dans la ville de Constantin que
ce que Napoléon trouva dans Moscou. Le
monde va revoir des jours semblables à ceux
de Mahomet II, et une affreuse catastrophe va
frapper l'humanité ; car enfin les Turcs sont des
hommes, et le commerce de l'Europe recevra,
pour un long temps, une plaie profonde par la
subversion complète de ses relations dans ces
contrées, qui en sera la suite inévitable. Voilà

où mènera l'obstination insensée du Sultan, décorée du beau nom de *caractère*, et le mépris qu'il a fait des conseils de la diplomatie européenne. Elle était sincère, car elle était intéressée dans la cause. L'incivilisation des Turcs, en les attachant à leurs anciennes idées, les a empêchés de reconnaître cette sincérité. Ils périront donc par leur incivilisation; terrible, mais instructive leçon pour ceux qui, comme eux, s'obstinent à repousser la civilisation, sans laquelle il n'y a plus de préservation possible. Sans doute, et les conventions d'Ackermann, et les exigences des trois puissances doivent paraître dures au Sultan; mais il est encore plus dur de tout perdre : quand la nécessité parle, le bon sens est-il de l'accepter ou de l'aggraver. Le Sultan n'avait pas à se demander si ces conditions étaient dures, mais s'il était en mesure efficace de s'y soustraire. Quand l'empire sera envahi, qu'aura-t-il gagné? Aujourd'hui même, si, au bord de l'abîme, il reconnaissait toute l'étendue de sa faute, n'aurait-il pas empiré sa condition ? L'ennemi entré sur le territoire de l'empire, ne sera-t-il pas plus difficile à apaiser qu'avant de franchir les frontières; le divan ne pourrait plus se présenter qu'en suppliant, et ce rôle est

toujours celui des victimes. On a exalté le caractère du Sultan ; la raison n'a vu en lui qu'un
insensé, et les spectres des fondateurs de l'empire, les Mahomet, les Sélim, les Soliman,
s'attacheront éternellement à lui, pour lui re-
procher la destruction de leur ouvrage. Heureux si, aussi aveugle dans sa fureur que ce
prince l'est dans sa conduite, le peuple turc ne
cherche pas à éteindre dans son sang l'incendie
allumé par le délire de son orgueil, et ne présente pas à ses ennemis ses restes inanimés
comme une victime expiatoire, comme la sous-
traction de la cause de cette guerre fatale, et
comme un gage de la paix. Les souverains ab-
solus chez des peuples féroces ne font pas toujours un métier bien sûr ; il ne vaut pas celui
des princes astreints à un régime modéré chez
des peuples civilisés ; la civilisation, qui con-
damne à la modération, est aussi mère de la préservation ; elle compense par la sûreté ce qu'elle
retranche aux jouissances du pouvoir absolu ;
en excluant les extrêmes. Si l'orgueil est flatté
par un commandement au-dessus de toute résistance comme au-dessus de toute remontrance,
ces jouissances sont aussi fort exposées à être
troublées par des réactions violentes. Un ressort trop comprimé se relève avec une force

déréglée. Des hommes accoutumés à prosterner leur front dans la poussière ne savent témoigner leur mécontentement que par des incendies, et c'est le poignard à la main qu'ils présentent leurs requêtes. Le sérail a vu plus d'une de ces tragédies : plus d'un de ces maîtres impérieux, qui d'un mot, d'un geste, quelques jours, quelques heures auparavant, portaient partout l'épouvante et la mort, sont tombés sous les coups de ceux qu'ils venaient de voir à leurs pieds. Telles sont les mœurs de l'Orient, dont le Sultan provoque sur lui la cruelle application.

3°. *Complication de la guerre d'Orient.*

Nous avons indiqué plus haut les divers degrés qu'a suivis l'affaire de l'Orient. Nous avons dit comment on est arrivé au bord de la guerre qui vient d'éclater; montrons maintenant les complications qu'elle renferme.

Trois puissances dirent à la Turquie : *Depuis cinq ans, nous vous regardons faire avec la Grèce; vos combats sont restés sans résultats; les combats à venir n'en auront pas davantage. Il est temps d'en finir : à cet égard, le passé est le garant de l'avenir. La prolongation de ce débat affecte le commerce, trouble les mers, nous cause des dommages, nous commande des précautions dispendieuses ; nous en demandons le terme. Nous ne sommes pas vos ennemis, pas plus que ceux de vos ennemis, mais nous entendons arrêter l'effusion du sang, spectacle odieux en lui-même, qui nous expose à des reproches, rétablir la police sur vos mers; et pour cela, deux choses sont exigibles et exigées par nous : 1° que l'épée soit, de part et d'autre, remise dans le fourreau; 2° que le sol de la Grèce, que vous dévastez en pure perte, soit remis aux Grecs; qu'il soit désormais l'asile des Grecs, qu'ils y restent vos tributaires. Vous avez plus à gagner qu'à perdre au désistement d'une souveraineté purement nominale; l'intégrité du reste de votre territoire vous est garantie; elle vous restera : aucune de nous n'a jeté sur lui un regard de convoitise. Voyez qui nous sommes, et jugez si nous pourrions nous accorder dans des vues hostiles et cupides contre vous.* Ce langage était raisonnable, plein de motifs de persuasion ; mais qu'est la raison pour des Turcs, pour des hommes qui ont d'autres yeux, d'autres oreilles, un autre entendement que les peuples civilisés, et dont l'esprit joue à rebours de celui des autres hommes ?

Aussi les a-t-on vus couvrir d'un voile de dissimulation et de perfidie leurs intentions, jusqu'à l'heure où ils se sont crus en mesure de
la proclamer sans crainte. Pendant ce temps,
la guerre se poursuivait, l'Égypte prodiguait
ses forces de terre et de mer. Celles-ci se confiaient au succès de quelques-unes de ces perfidies qui font partie des mœurs orientales, et
cet espoir amena le combat de Navarin. On vit
alors toute l'attention des cabinets des trois
puissances tournée vers le soin de persuader à
la Porte que ce coup de foudre n'avait été ni
préparé, ni prévu, et que cet incident, quelque grave qu'il fût, en sa qualité d'incident,
ne devait pas préjudicier à leurs vues pacifiques, dans lesquelles il n'apportait aucun changement. Ces paroles édulcorées glissèrent sur
la dure enveloppe, sur la croûte que l'orgueil
et la barbarie, pour ainsi dire, tiennent étendue sur l'intelligence des Turcs. Pendant que
les alliés redoublaient d'efforts pour faire pénétrer une lumière préservatrice dans ces têtes
fermées, au fond du sérail, inaccessible à tous
les yeux, le sultan forgeait le manifeste qui,
en déchirant tous les voiles, dut laisser les négociateurs un peu confus de leur longue méprise
sur le naturel de leurs adversaires. Quand ils les

entendirent se proclamer les ennemis naturels des chrétiens, ils durent avoir quelques regrets à leurs efforts pour arrêter ce qui était dans le cœur et dans la nature de leurs néophytes. Ils purent rester convaincus que, travailler à la conversion politique des Turcs, était du temps perdu, et qu'un apostolat politique au milieu d'hommes aussi étrangers à l'Europe et à la civilisation, aurait parmi eux les mêmes fruits qu'un apostolat religieux. Pour échapper au ridicule, la débonnaireté de cette diplomatie avait besoin de l'excuse de l'humanité. Mais le manifeste ottoman avait deux parties bien différentes : 1° celle qui atteignait les puissances éloignées de la Turquie ; 2° et celle qui concernait la Russie. C'est contre celle-ci que la diplomatie turque avait réservé les traits les plus envenimés ; c'est à elle qu'elle imputait tous ses maux, les projets les plus sinistres, suivis avec plus de constance ; c'est à elle qu'elle adressait les reproches les plus sanglans, qu'elle vouait l'inimitié la plus ouverte, et avec laquelle elle se déclarait affranchie de tout lien résultant des traités antérieurs. Là, la scène a changé de face : de simple qu'était la guerre, elle est devenue double. D'abord, elle n'était que grecque ; la voilà à la fois grecque et russe. Tant qu'elle était purement grecque, tout était égal entre les trois puissances, intentions, forces et frais... En devenant *russe*, une partie a eu une charge de plus que les autres; elle a eu aussi une autre perspective, et d'autres injures à venger. La question a donc été dénaturée par le manifeste ottoman; il a déclaré directement la guerre à la Russie : celle-ci lui a répondu par une déclaration semblable. De part et d'autre, les armées ont marché. Rien de semblable ne pouvait avoir lieu contre la France et l'Angleterre, placées au loin de la Turquie, et n'ayant point de traités à revendiquer... Mais le mouvement de la guerre a exposé les alliés à devenir ennemis; il peut mettre aux prises entre eux ceux qui combattent ensemble pour la Grèce; et la guerre qui a commencé sous la réunion de leurs drapeaux, peut à chaque instant amener leur opposition. Ce danger résulte évidemment des vues annoncées dans le manifeste russe.

Un second genre de complication et d'une espèce toute nouvelle se présente dans cette affaire. Ordinairement pour se battre, il faut être deux, et il faut convenir de l'objet du combat : sous ces rapports, les grands procès entre les

nations, que l'on appelle la guerre, se règlent
sur les mêmes principes que les contestations
entre les individus... Avant tout, on convient
de l'objet de la contestation , mais ici, rien
n'est convenu. Les alliés disent au Sultan : Nous
ne sommes pas venus en ennemis contre vous;
loin de là, tout ce qui se fait est pour votre
bien. Le Sultan répond : Cela vous plaît à dire;
mais je sais très bien que vous êtes mes ennemis naturels, et que je suis le vôtre... Vos dé-
guisemens, vos détours ne m'en imposent pas.
Il vous convient de ne pousser la guerre que
jusqu'à tel ou tel point; il me convient à moi
de la pousser jusqu'au bout. Le sort en est
jeté; s'il faut périr, nous le ferons avec honneur, et il vaut mieux mourir en gros qu'en
détail. Une agonie honteuse, prolongée au milieu de dépouillemens journaliers, sous un joug
qui s'appesantit d'heure en heure, est une position intolérable. Aux armes; soyons libres et
respectés, ou mourons. Voilà mot à mot le
dialogue établi depuis deux ans entre les alliés
et le Sultan... Les premiers veulent une certaine guerre; le second en veut une autre. Les
alliés sont donc exposés par cette divergence
de vues avec leur ennemi, à faire ce qu'ils ne
voulaient pas faire, et à ne pas faire ce qu'ils

s'étaient proposé de faire. Ils sont exposés à se combattre pour les Turcs, et à combattre les Turcs pour les Grecs. Supposons que l'odeur de la poudre à canon exalte les cerveaux russes, que feront les alliés? Achèveront-ils les Turcs dans la Morée et dans l'Archipel, tandis que les Russes les écraseront sous les murs de Constantinople? Et si l'Autriche alarmée de l'essor de la Russie, entrait en lice pour le réprimer, les alliés se rangeraient-ils avec elle, ou contre elle avec les Russes? Il pourrait arriver, chose bizarre, mais qui résulte évidemment de la singularité de la position dans laquelle on s'est placé, que la flotte russe se trouvât à la fois alliée et ennemie de ses associés, et que la seule porte de sortie de cet embroglio pour elle, fût d'être *neutralisée*.

## 4°. *Manifeste russe.*

Il a fait tressaillir de joie quelques journaux anglais. Je voudrais pouvoir partager leur confiante allégresse ; mais la nature des choses est souvent contraire à ces expansions de joie, et commande la réserve. Nous laisserons à part les lieux communs des manifestes, les reproches très fondés adressés à la Turquie, pour ne nous occuper que des résultats qu'il se pro-

met de la guerre. Ce sont, 1° l'accomplissement de la convention du 6 juillet, relative à
la Grèce; 2° le remboursement des frais de la
guerre, à quelque point qu'elle s'étende ou
s'arrête; 3° les garanties à donner aux traités
et à la liberté du commerce. En soi - même,
cela ne présente rien d'exorbitant à la première vue, mais il faut passer outre, et voir
par qui ces conditions seront imposées, et
dans quelle mesure. La Russie déploie des
forces immenses : toutes celles de l'empire
sont ébranlées; cela est fort cher. Si leur emploi se prolonge, le compte des frais s'enfle
tous les jours, et finira par monter très haut.
Qui en fixera les bases, le vainqueur ou le
vaincu? Les étrangers au combat auront-ils
le droit de le reviser? La Turquie n'a pas
d'argent; il faudra donc payer en territoire;
il est bien probable que la Moldavie et la Valachie paieront la rançon de la Turquie. Jusque
là il n'y a pas grand mal pour l'Europe; car que
la Russie compte une ou deux provinces de
plus, l'état de l'Europe n'en est pas notablement
affecté. D'une autre part, quoique être *russe*
ne soit pas la première condition du monde,
cependant elle est mille fois supérieure à celle
de la sujétion à la Turquie. Par l'occupation

de ces provinces, voilà la Russie installée sur
la rive gauche du Danube, et fermement établie sur ses bords par l'occupation des forte-
teresses turques situées sur ce rivage. Cette
possession renferme un grand principe de
gêne à venir pour le commerce de l'Allemagne et des états héréditaires de l'Autriche,
dont presque tous les cours d'eau affluent au
Danube : l'Inn, la Theisse, la Sare, la Drave.
Ces eaux se déchargent dans la mer Noire;
elle appartient à la Russie, et si celle-ci domine le Bosphore, le Danube n'est plus pour
l'Autriche qu'un cours d'eau intérieur, sans
prolongation et sans aboutissant.

Si une prompte soumission n'arrête pas l'essor des armées russes, on peut déjà les voir à
Constantinople. Le Sultan passera-t-il dans ses
vastes solitudes de l'Asie? y continuera-t-il
une guerre qui, pour être sans efficacité contre
la Russie, cependant l'obligera à tenir sur pied
des forces considérables en opposition et en
surveillance contre les attaques des Turcs? Ne
faudra-t-il pas aussi des corps nombreux pour
garder les pays, soit conquis, soit simple-
ment occupés? Et si Constantinople est brûlé,
comme on peut le craindre, ou s'il est pré-
servé, dans les deux cas, sera-t-il gardé comme

position militaire ou comme conquête ? Qui rend des conquêtes de cette valeur ? Et les garanties données au commerce, quelles peuvent-elles être ? S'il ne s'agissait que de la navigation même de la mer Noire, il n'y aurait pas l'ombre d'une difficulté ; là, il y a place pour tout le monde, comme dans la Baltique ; mais il faut calculer autrement, lorsque dans ces lieux il n'y a pour tout débouché qu'un étroit passage, commandé par une immense capitale, arsenal principal de l'empire ; car, il ne faut pas se le dissimuler, la force de l'empire turc est dans Constantinople, comme elle l'était au temps des empereurs grecs. Mais, comme il a été prouvé plus haut, le commerce russe étant destiné à prendre d'immenses accroissemens par le versement des productions de presque tout le territoire russe européen, par les fleuves qui aboutissent à la mer Noire, comment un commerce aussi vaste, et par conséquent aussi précieux, pourra-t-il s'accommoder des péages de Constantinople et du Bosphore ? La capitale de l'empire turc peut-elle rester exposée au bombardement, aux insultes de toute flotte sortie des ports russes, sur la mer Noire ? et de son côté la fierté russe se soumettra-t-elle aux exigences indispensables de la capitale d'un grand empire, et à un trajet précaire par le Bosphore? Le développement des évènemens a amené cette complication; elle est restée inaperçue dans le berceau du commerce russe, dans l'inculture des belles provinces méridionales de la Russie. Odessa ne compte encore que quelques années; mais lorsque toutes ces contrées se seront associées au mouvement commercial de la Russie, lorsque toutes les denrées de l'intérieur auront appris le chemin de l'Euxin, et y arriveront à l'aide de fleuves tels que le Boristhène, le Don, le Volga, que des canaux lient entre eux et avec la mer Baltique, on verra ce que sera ce commerce qui est encore dans l'enfance, et qui, par le seul débouché d'Odessa, compte déjà dans les marchés de l'Europe, et pèse sur toutes ses charrues. Il est bien évident que la direction des affaires de la Russie change, et passe du nord au midi; il l'est, par là même que le poids de l'empire est attiré vers la même zone. Ceci se recommande, au plus haut degré, à la prévoyance de l'Europe; mais si les conseils de la Russie l'ont prévenu, et elle paraît être sur la voie de le faire, à quoi fera-t-elle rapporter les garanties qu'elle dit vouloir pour le commerce? Il faut de plus que ces garanties conviennent aussi au commerce de l'Europe ; celui-ci participera aux accroissemens de la Russie méridionale, comme il l'a fait pour la Russie septentrionale. Plus Archangel, Péters-bourg, Riga s'enrichissent et s'accroissent, plus la Baltique se peuple de navires de toutes les nations. Il y a cent ans, pendant l'enfance de Pétersbourg, l'Angleterre envoyait-elle dans la Baltique 5740 vaisseaux, comme elle l'a fait en 1826. Odessa, et les ports russes de la mer Noire, reçoivent-ils plus de navires qu'il n'en abordait sur ces mêmes plages, il y a cinquante ans? Eh bien, ces progrès sont des-tinés à croître dans la progression géométri-que. Mais la mer et le commerce étant le domaine commun , les positions de nature exclusive sont des points offensifs pour tous, et surtout dans la main du fort. La modéra-tion peut être dans les esprits et dans les pa-roles, mais elle n'est jamais dans les choses ; celles-ci agissent toujours avec toute leur énergie et toute leur force. Quand donc l'em-pereur Nicolas profère des paroles de modéra-tion, il exprime les sentimens d'un homme ci-vilisé, qui ne veut pas abuser de sa puissance, qui veut s'associer aux honneurs encore récens d'un modèle illustre. Dans cela, tout est noble,

louable; mais à côté de l'homme se trouvent
les choses : celles-ci revivent avec leurs exigences. D'ailleurs ce souverain ne s'est lié par
rien de formel, il n'a pris aucun engagement
direct ; il a bien marqué un but, mais il a
gardé sa liberté sur les moyens ; et ce sont
elle et eux qui deviennent les légitimes sujets
d'une inquiétude faite pour exciter toute la
surveillance de l'Europe. En effet, supposons
que la guerre mène la Russie à exiger de grands
sacrifices de la part de la Turquie ; supposons
que la première , sous prétexte d'affranchir le
Bosphore , s'affermisse sur un de ses rivages,
et s'y mette en état de commander ce passage
indispensable pour le reste des nations , et cela
est très probable, par là même l'Euxin ne de-
vient-il pas une mer fermée ? et geolier pour
geolier, s'il doit y en avoir un, les Turcs ne
sont-ils pas moins fâcheux pour l'Europe que
ne le seraient les Russes ? On ne peut trop engager la diplomatie européenne à porter ses mé-
ditations sur cet important objet ; qu'elle songe
aux suites qu'aurait pour l'Europe la domination russe, étendue à la fois sur le Danube,
la mer Noire et le Bosphore ! Quel accroissement de pouvoir à celui déjà si grand qu'elle
possède au détriment des libertés publiques

de l'Europe! Déjà celles-ci, cela est trop évident, sont annulées par la Russie sur le continent; que deviendront-elles, si à la domination continentale se joint encore la domination
sur les fleuves et sur les mers? La Caspienne
est interdite à l'Europe, et cernée de toutes
parts par la Russie; elle intimide tous les ri-
verains de la Baltique, elle règne exclusive-
ment sur le nord de la mer Noire. Si avec tant
d'avantages pour elle et de dommages pour les
autres elle joint encore les clefs de la mer
Noire, et reste maîtresse des communications
de cette mer avec la Méditerranée; si, toujours
libre et maîtresse de ces passages, elle peut les
interdire aux autres; si par là elle jouit de la
faculté de se lancer vers la Méditerranée, de
tant d'accroissemens ne se forme-il pas un colosse, un géant de pouvoir, aux pieds duquel
il ne reste plus qu'à tomber, qui auprès écra-
sera, qui au loin menacera, intimidera, et
finalement rendra en Europe l'indépendance
un vain mot. Que l'on y prenne garde, la
Russie ne fait encore que débuter dans la carrière; elle travaille à former son cadre et à le
compléter. Elle vient de s'élargir du côté de
la Perse. Par ses conquêtes, dans cette direction, dans quelques marches elle est au cœur de

l'empire turc en Asie. Par l'occupation de la Valachie et de la Moldavie, elle atteint son complément vers le midi de l'Europe, et prolonge sa domination sur le Danube; il devient sa frontière. Par quelle distance en était-elle séparée au temps du czar Pierre! La voilà franchie; et si ce fleuve est passé, si le Bosphore reçoit les lois de la Russie, le cours naturel des choses ne la portera-t-il pas vers l'extrémité de la Grèce? Était-il plus facile d'arriver de Kiouff à Ismaïl, aux portes de Byzance? y est-on parvenu? pourquoi ne ferait-on pas le reste du chemin? A-t-on le pouvoir de le faire? Voilà toute la question. Eh bien, s'il existe, il agira d'après sa nature. Ne nous arrêtons donc pas à la douceur des paroles de l'empereur Nicolas, au miel étendu sur les bords du vase; voyons ce qu'il y a au fond. Sa modération est relative aux circonstances. En réduisant la Prusse à la moitié de ses domaines, Napoléon pouvait passer pour modéré, car il pouvait tout prendre : il y a à remercier, quoique avec douleur, celui qui laisse ce qu'il est maître de garder. Or, à qui appartiendrait-il de retirer des mains de la Russie ce qu'elle croirait lui convenir? Aujourd'hui, cela n'est plus donné à personne. Et comment ce qui est déjà interdit dans l'état actuel serait-il possible quand sa position sera fortifiée, et quand celle de ceux qui se sentiront foulés par elle sera détériorée? car voilà ce qu'il faut bien se garder de perdre de vue. Chaque acquisition de la Russie, chaque poste avantageux dont elle se saisit, ajoute à l'infériorité relative du continent avec elle. C'est absolument la répétition de ce qui se passe sur mer à l'égard de l'Angleterre. Chaque point fortifié dont celle-ci s'empare est un nouvel interdit jeté sur les mers à son profit, et au détriment des autres; c'est un barrage de plus destiné à entraver, à arrêter la marche des autres, comme à rendre la sienne plus sûre et plus facile. Ce triste rapprochement entre la double servitude de l'Europe, qui sur tous les élémens ne trouve plus que des maîtres et des chaînes, est le tableau présent et douloureux de la situation du continent.

O Napoléon! tu es trop vengé par la servitude commune! Tu es mort enchaîné! l'Europe vivra comme tu es mort; sa vie à venir tend à ressembler à tes derniers instans. Tu avais su apercevoir le principe de ses souffrances, pourquoi n'as-tu pas su également ménager le remède, au lieu de l'obtenir d'une force ou-

verte, impétueuse, sans ménagement, et propre à armer contre toi ceux même auxquels tu
préparais une liberté durable! Ainsi les plus
vastes pensées, les vues les plus saines, l'a-
venir deviné avec le plus de sagacité, ne peuvent arriver au succès sans le secours de l'art;
et quand on en manque, on s'expose à voir
salir de noms odieux ce qui, mieux gouverné,
eût mérité les hommages de l'univers.

## 5°. *Système de l'Europe à l'égard de la Russie.*

Il est de deux natures : permanent, et relatif
aux affaires actuelles de l'Orient. Le premier
résulte de l'étendue de la puissance russe, et
de ses effets permanens sur l'Europe. Comme
la cause est permanente de sa nature, pour
lui correspondre, le système européen doit
aussi être permanent : il n'admet pas un moment de relâchement ni de sommeil. Ce système est, comme nous l'avons dit, celui d'une
fédération défensive, puisque malheureusement aucune puissance ne peut séparément balancer la Russie. La seule qui pourrait s'y opposer avec efficacité, celle de l'Angleterre, est
d'une autre nature, et placée trop loin pour
servir de barrière. Si la Russie ne peut pas

lui enlever une colonie, un comptoir, à son
tour l'Angleterre ne peut pas enlever un village
à la Russie. Reste donc pour toute défense à
l'Europe une fédération. Nous en avons indiqué les élémens dans leur ordre et dans la
ligne qu'ils doivent former. Cette fédération
doit être permanente, compacte, formée sur-
le-champ et sans hésitation; il ne faut pas que
la Russie puisse apercevoir trop distinctement
les points faibles de l'Europe, résultant surtout de la déliaison de ses parties. On s'est bien
fédéré contre l'empire français; eh bien, quelque chose mille fois plus redoutable s'est formé
sur ses débris. Cet empire pouvait humilier,
mais il ne menaçait pas toutes les existences;
il était accessible et vulnérable par mille en-
droits : l'Angleterre le contre-balançait. Mais
où sont les points d'arrêt contre la Russie?
par où peut-on l'atteindre, la blesser? où
prendre les moyens de la contenir, ou de la
remettre à l'ordre, s'il lui plaît de s'en écarter?
La seule ressource, l'unique préservatif qui
reste aux faibles libertés de l'Europe, est cette
fédération. Pour la former, il ne faut pas attendre l'instant du besoin; il faut savoir aller
au-devant. Il serait trop tard quand l'orage
gronderait : ce n'est pas sous les coups du ton-

nerre et à la lueur des éclairs que la réflexion
se forme ; c'est dans les temps de calme, où
l'esprit, tout entier à lui-même, voit froidement les objets, sans terreur, sans précipita-
tion, sans rien de ce qui trouble la vue. Supposons qu'une contestation s'élève entre la
Russie et l'Autriche, et leur contact devenu
immédiat ne peut manquer d'en amener,
l'Europe regardera-t-elle froidement abaisser
l'Autriche et grandir la Russie, ou bien se hâ-
tera-t-on de venir à son secours ? Mais dans
combien de temps ? à quel titre , à quel prix ?
Sera-t-il temps de régler tout cela en face du
danger ? et si rien n'est préparé à l'avance, les
coups les plus funestes ne seront-ils pas por-
tés avant l'arrivée de ces tardifs auxiliaires? Cependant l'Autriche est la seule barrière solide
contre la Russie ; elle est la barrière naturelle
et nécessaire de l'Europe. Il faut la soutenir à
tout prix, sinon pour elle, du moins pour soi-
même ; il n'y a pas là de la générosité, mais
de l'intérêt propre et bien entendu. La nécessité, l'indispensable nécessité de cette fédération est donc démontrée, comme étant la base
du système politique permanent de l'Europe.
Il est contenu tout entier dans ces deux mots :
*opposition constante à la Russie.* Le cardinal

de Richelieu ne s'y fût pas trompé. Il fut le fondateur du système d'opposition à l'Autriche ; rien ne l'arrêta, car rien ne trouble les vues nettes. Il fut chercher dans le Nord le héros de la Suède ; il s'éleva au-dessus des préjugés religieux. La main qui avait renversé le dernier boulevard du protestantisme français, et qui avait triomphé de la mer même, forma du protestantisme allemand une ligue permanente contre la puissance autrichienne ; aujourd'hui, on verrait le même homme remuer jusqu'aux entrailles de l'Europe, pour en faire sortir une opposition capable de contenir le torrent du Nord dans ses limites actuelles, hélas ! trop rapprochées d'elles : dorénavant l'Europe n'a plus d'autre occupation. Quand Rome et Carthage en furent une fois venues aux mains, toute autre affaire cessa pour toutes les deux. Des temps semblables sont revenus pour l'Europe ; elle n'a plus qu'une affaire, l'opposition à la Russie. Le moment de l'application est arrivé par l'affaire de l'Orient, et là va se trouver la pierre de touche de l'avenir ; par ce que l'Europe fera dans cette immense circonstance, il est facile de juger ce qu'elle fera dans les autres. Comme nous l'avons dit, si la Russie se borne à la conquête de la Valachie et

de la Moldavie, à compléter son établissement
sur le Danube, il n'y a pas lieu à intervenir.
Si elle dépasse cette limite, si elle jette une
seule tête de pont sur le Danube, une explosion générale contre elle doit avoir lieu en
Europe. Une prise d'armes générale correspond
à peine à l'étendue d'un pareil danger. La tolérance devient facilement de l'encouragement.
Si la Russie trouve de l'impassibilité en Europe,
nul doute qu'elle n'en conclue l'impunité pour
ses entreprises ultérieures, et qu'ainsi elle ne se
sente fortifiée et comme invitée pour les tenter;
si, au contraire, elle rencontre une ferme et
judicieuse opposition, si la part de la sûreté de
l'Europe est réclamée hautement et la récla-
mation appuyée convenablement, nul doute
aussi que cet avertissement n'ait des suites
très salutaires et très rassurantes pour l'Europe.
La Russie, bien avertie, apprendra à régler
ses démarches sur l'attente certaine de cette
opposition virile, fortifiée par l'évidence du
droit et de la communauté des intérêts européens. Alors, il pourra y avoir quelque sécu-
rité, quelque avenir en Europe; jusque là je
n'en vois aucun, ou plutôt il en est un que j'a-
perçois trop distinctement, l'assujettissement
général à la Russie. Il faut que l'Europe se

pénètre bien de cette vérité; elle peut la con-
trarier, l'humilier, mais seule elle peut la sau-
ver. Qu'elle s'arrange sur cela, car elle ne peut
pas avoir autre chose. Le principe du mal
existe, c'est-à-dire le poids immense de la
Russie ; on ne peut lui rien ôter : tout se réduit donc à empêcher qu'elle ne prenne encore
aux autres, et qu'elle ne finisse par tout écraser.
La Russie est sur l'offensive, par la nature des
choses ; l'Europe sur la défensive, par la même
raison. Puis donc que celle-ci est réduite à ce
rôle inférieur, encore faut-il qu'elle sache le
jouer et s'y tenir. S'opposer tous ensemble, ou
périr un à un, telle est désormais sa destinée.
Je ne l'ai pas faite, je la vois, et la lui montre
dans un esprit de préservation pour elle.

6°. *De la Turquie et de la Grèce, par rapport
à l'Europe.*

Laquelle des deux importe le plus à l'Europe, comme barrière contre la Russie, vers
son midi oriental? Voilà toute la question. Il
est convenu que c'est le côté le plus faible de
l'Europe contre le colosse russe. Les cabinets
ont proclamé l'intérêt qu'ils mettent à la conservation de l'empire Ottoman ; ce ne sont pas

les Turcs qui les intéressent, mais la puissance qu'ils supposent pouvoir résister à la Russie. Tel est le fond de leur pensée. Dans plusieurs écrits antérieurs, j'ai examiné comparativement le mérite de cette idée ; j'ai recherché s'il était vrai que l'Europe eût à attendre un secours efficace de la part de la Turquie, et cet examen m'a donné un résultat absolument contraire. D'ailleurs, comment attendre quelque secours de la part d'hommes qui débutent par dire qu'*ils sont naturellement vos ennemis !* Ne voilà-t-il pas un fondement bien solide pour une alliance ? A cet égard, l'opiniâtreté de la diplomatie dans son erreur, sur l'aide que l'Europe peut attendre de la puissance ottomane, est vraiment remarquable. Elle voit le désordre affreux qui règne dans son sein, l'incivilisation qui stérilise tout, l'abrutissement des esprits, une faiblesse qui depuis cinq ans n'a pu surmonter *la faiblesse grecque,* dont 4000 soldats européens eussent triomphé ; la diplomatie peut se convaincre que ce grand corps n'est plus qu'un cadavre qui a des convulsions, mais plus de vie : elle ne persévère pas moins dans son idée première. La Grèce s'offre à ses yeux avec les attributs de la jeunesse et de la cilisation : cette comparaison, qui frappe les yeux les moins clairvoyans, ne dit rien à l'esprit de la diplomatie. Dans ce moment, elle peut reconnaître la valeur de cet appui tant recommandé : les Turcs ne savent que fuir devant les Russes, et dévaster tout ce qui se trouve sur leur passage. De pareils hommes ne sont susceptibles d'aucune organisation régulière ; il faudrait les refaire pour qu'ils fussent autrement. Au contraire, les Grecs sont susceptibles de toute la civilisation européenne. Il ne faut pas aspirer à des résultats immédiats, faits pour produire une satisfaction complète à tous les besoins, je le sais ; mais comme il n'y a de choix qu'entre les Turcs et les Grecs, comme un terme moyen n'existe pas, on ne peut opter qu'entre eux deux. La complète incapacité des Turcs est démontrée : adressez-vous donc à qui n'est pas frappé de la même inhabilité présente et à venir. Jamais on ne fera rien des Turcs ; on peut faire quelque chose et même beaucoup avec les Grecs (1) : faites donc porter sur eux cet

------

(1) Voyez la lettre par laquelle le comte Capo d'Istria, président du gouvernement de la Grèce, rend compte des progrès des Grecs et de leur aptitude à apprendre. Depuis cinq ans, je n'avais pas cessé de

intérêt que vous prodiguez en pure perte à des hommes qui n'en sentent pas le prix, et qui n'y répondront jamais. Le temps développe les idées, et peut les corriger quand elles sont fausses. L'alliance européenne a débuté par confiner les Grecs dans la Morée : ce n'était pas une idée politique, mais elle était tout ce que le temps permettait; car on ne pouvait pas dire

---

l'annoncer, en répondant aux ennemis de la cause grecque, qui concluaient contre elle, de leur état passé et présent, contre leur état à venir, c'est-à-dire qui, en haine de la liberté, voulaient établir que, parce que les Grecs avaient été esclaves, ils ne pouvaient plus être libres, que, parce qu'on a vécu sous un régime qui dégrade l'homme, il ne peut plus retrouver ses facultés sous un régime propre à lui en rendre le noble usage. Peut-on mieux plaider la cause du despotisme et l'encourager? C'est lui dire: abrutissez bien les hommes, réduisez-les à un état tel, qu'ils ne puissent se relever, brisez tous les ressorts moraux; et puis vous répondrez aux désirs de liberté qu'ils pourraient concevoir et faire éclater : *Vous n'y pensez pas, regardez-vous donc, connaissez-vous vous-mêmes; vous n'êtes plus susceptibles de la liberté, de prendre part à vos propres affaires; restez dans une éternelle enfance, nous avons su pourvoir à ce que vous ne puissiez marcher sans lisières.* L'Amérique a répondu à cela à coups de canon, et elle marche seule.

au Sultan, passez en Asie, et cédez la place à ceux auxquels vos ancêtres l'ont prise. Mais la guerre actuelle a donné le moyen d'un autre dénouement : si le Sultan succombe, s'il passe dans ses domaines d'Asie, que fera-t-on de ceux de l'Europe? l'y rappellera-t-on? la main qui l'aura précipité le relèvera-t-elle, le ramènera-t-elle sur le trône qu'elle aura abattu? Mais s'il refuse de le tenir d'elle, de le recevoir aux conditions qui lui seront imposées, alors que fera-t-on? laissera-t-on le territoire vacant, ou remis en dépôt entre les mains de la Russie? Quel dépositaire, grand Dieu! La porte de sortie de tant d'embarras ne se trouve-t-elle pas naturellement dans l'érection d'un état grec qui comprendrait tout le territoire ottoman d'Europe situé à la droite du Danube? Cette combinaison est toute européenne; elle n'offense et n'alarme aucun intérêt, elle étend la civilisation, agrandit la sphère du commerce de l'Europe, en un mot, elle satisfait aux désirs les plus légitimes de l'humanité, et aux besoins les plus pressans de la politique. Il n'y a point à s'arrêter au mode de gouvernement de ce nouvel état; il doit former une monarchie : si elle est attribuée à quelque membre des familles princières de l'Europe, qu'il ne soit pris

dans aucune de celles qui ont un intérêt direct
aux dépouilles de la Turquie; il faut éviter ce qui
peut causer des ombrages, faire soupçonner de
la partialité, et retrancher à l'indépendance. Il
ne faut pas gâter un grand bien, comme il arrive trop souvent de le faire, pour la satisfaction de quelques intérêts personnels et subal-
ternes. Rarement l'Europe a eu à s'occuper d'une
plus haute question, et il est bien à désirer que
dans sa solution ses lumières correspondent à
ses intérêts.

7°. *L'Autriche, l'Angleterre et la France,
dans le nouveau système européen créé par
les grandeurs russes.*

Voilà trois puissances que l'on pourrait dire
étonnées de leur rapprochement. Il faut qu'il
se soit opéré de grands changemens dans le
monde, pour que tant de rivalités se soient ef-
facées, et pour que tant de haines aient cédé
au besoin de s'unir. Qui a créé cette nécessité?
la Russie. Qui avait créé la grande coalition
du Nord qui a trouvé le chemin de Paris? les
grandeurs de l'empire français. Les mêmes
causes doivent ramener les mêmes effets, et, à
plus forte raison, l'aggravation des causes. Or,

quelle comparaison y a-t-il entre le poids dont l'empire français pesait sur l'Europe, et la pression qu'exerce sur elle la Russie ? Celle-ci servait de contre-poids à cet empire. Mais où s'en trouve-t-il un aujourd'hui contre elle ? Il ne s'agit plus de la balancer, mais de se défendre, de se garder, de se préserver ; aucun, en particulier, ne suffisant plus à sa protection propre, sur le continent, celle-ci ne peut plus résulter que d'une réunion, d'une *mise commune de fonds* pour la défense commune. C'est aux forts à couvrir les faibles ; c'est à ceux qui sont encore loin du danger, qui peuvent voir venir, à protéger ceux qui sont près de lui et exposés aux premiers coups ; il faut qu'une assistance toujours certaine, organisée à l'avance, systématique, donne assurance et courage aux plus proches voisins de la Russie ; il faut que les intermédiaires entre ces grands corps n'éprouvent pas le besoin de la peur ; qu'au contraire, à l'abri de cette puissante protection, ils sentent le besoin de l'indépendance autant que les autres ; mais où peuvent-ils trouver cette assurance, sinon dans une union intime avec ceux qui possèdent les moyens de résistance qui leur manquent à eux-mêmes. La prépotence de la Russie a tout changé en Europe ; elle en a simplifié le sys-

tème, et l'a réduit à une seule idée, l'opposition à de nouveaux agrandissemens de sa part :
tout ce qu'elle peut ajouter à ce qu'elle possède déjà est de l'ordre offensif contre la généralité de l'Europe. Toutes les anciennes
querelles qui ont tant agité cette contrée ont
disparu devant ce grand intérêt. Que signifie-
rait aujourd'hui la longue lutte de l'Autriche
et de la Prusse pour la Silésie ? Il n'y a plus
qu'une question en Europe, qu'une seule affaire : *L'occident de l'Europe sera-t-il indépen-
dant de l'orient ?* Ainsi posée, dégagée de tout
accessoire, la question présente tout l'avenir
de l'Europe, et jalonne devant elle la route
qu'elle doit suivre. L'alliance indissoluble de
l'Autriche, de la France et de l'Angleterre a
été signée à Pétersbourg, lorsque cette cité est
devenue la capitale politique de l'Europe, la
*Rome* de nos âges. C'est une de ces unions que
les hommes ne font pas, mais qu'ils trouvent
toutes faites dans les choses mêmes. Ici, il n'est
besoin d'aucun art diplomatique ; il ne faut que
cet instinct qui appartient à tout être jaloux de
sa conservation, et qui le porte naturellement
à chercher dans les alliances le supplément à la
force qui lui manque à lui-même. Si l'Autriche équivalait à la Russie, on n'aurait pas à

s'inquiéter de ce qui se passerait entre elles ; mais, avec la prodigieuse disproportion de forces de la première, il faut la soutenir, même malgré elle, non pas pour elle, mais pour l'Europe dont elle est l'avant-mur. Aux yeux de tout homme sensé, le siége de Vienne est en permanence de la part de la Russie ; mais la prise de Vienne élève des fourches Caudines pour Berlin, pour Munich ; bien plus, pour *Paris* même. Quand tout sera soumis ou muet en Allemagne, quelle sera la valeur de ce que l'on fera ou de ce qui se dira à Paris ? Guillaume III ne s'y fût pas mépris. Il jeta sur les grandeurs de Louis XIV un coup d'œil à la fois de lumière et d'effroi pour l'Europe ; et sous sa magnanime inspiration, du fond des marais de la Hollande, d'une contrée dévastée par Louis, sortit une coalition de trente ans qui eût fait rendre à ce fier monarque un compte de sa domination aussi sévère que celui qui a été demandé de la sienne à Napoléon, si la mort de l'empereur Joseph Ier ne fût venue changer toute la direction politique du temps, et n'eût porté l'Angleterre à rompre une coalition dont le but se trouvait dénaturé par cette mort , et dont les succès, en recréant la monarchie de Charles-Quint, eussent fait pour l'Autriche, cette monarchie universelle qu'on voulait empêcher la France d'acquérir par la succession d'Espagne. L'Autriche défend l'Europe contre la Russie, comme les digues défendent la Hollande contre la mer : il faut donc contribuer à l'entretien solide de cette digue, comme la Hollande travaille au maintien des siennes; si elle veut garder quelque liberté, il faut que l'Europe se pénètre de cet esprit; il faut qu'elle imite ce jeune enfant hollandais, qui, remarquant l'infiltration des eaux au travers d'une digue, s'adossa contre la brèche qu'elles y avaient faite, et s'y tint attaché jusqu'à l'arrivée du secours qu'il appelait de toute l'étendue de sa faible voix.

Dans une question de cette nature, plus que dans toute autre, la généralité et la spécialité, la théorie et l'application se trouvent séparées. Ainsi, les principes posés ci-dessus, sur l'alliance contractée entre les puissances, même à leur insu, par la nature des choses, sont incontestables : mais comment ceux qu'ils doivent guider et qu'ils concernent s'y conforment-ils? voilà ce qu'il faut examiner. Depuis la mort de M. Caning, il règne une espèce d'anarchie dans le cabinet anglais : c'est un lieu de passage traversé, mais non habité par des

hôtes passagers. Les systèmes s'y combattent ;
ce cabinet professe un ferme attachement pour
le traité du 6 juillet ; mais cette ligne est dé-
passée depuis long-temps sur le reste, c'est-
à-dire sur le système *anti-russe,* en faveur de
l'Europe. Pour savoir ce qu'il fera, il faut attendre. Sûrement, il n'y a pas deux manières
de voir la question, et un ministère de quelque capacité ne sera pas embarrassé pour la
faire bien comprendre chez un peuple éclairé,
attentif à ses intérêts et ayant droit à une juste
fierté : plus les Anglais sont loin du danger,
plus ils peuvent garder le sang-froid nécessaire
pour le bien apprécier. Ils ne sont point inti-
midés par la vue du glaive suspendu sur leur
tête, comme peut l'être la Prusse ; ils n'ont
pas besoin de déguiser leurs craintes et leurs
haines sous les apparences de feintes démons-
trations d'attachement, de confiance, démen-
ties par la nature des choses ; chez eux, la pensée
peut être franche et l'action libre : celle de
l'Angleterre dépend donc entièrement du choix
que fera son ministère.

L'Autriche n'a point pris part au traité du
6 juillet ; elle a évité tout engagement, se
bornant à des remontrances auprès du Divan,
pour le détourner d'une guerre dont elle sen-

tait que les suites pourraient s'étendre jusqu'à
elle. L'Autriche vient de déclarer sa neutralité;
cette déclaration ne forme pas un préjugé
certain sur sa conduite. On n'a pas le droit de
dire à ceux qui ont des intérêts à démêler : *Je
m'oppose à votre action, je prends parti pour
l'un contre l'autre.* Seulement, l'intervention
est de droit lorsque les dommages peuvent résulter de l'abus de la victoire. Ainsi, que la
Russie, profitant de son immense supériorité,
veuille écraser l'empire ottoman et se fortifier
de ses dépouilles, il peut en résulter pour
l'Autriche tel dommage qui lui commandera
de s'y opposer; mais tant que ce dommage
n'existe pas, tant que des assurances modé-
rées sont données, l'intervention blesserait le
droit. La conduite ultérieure de l'Autriche dépendra donc de celle même de la Russie : tant
que ses actes seront conformes à ses paroles,
l'Autriche regardera faire; s'ils s'en écartent,
elle aura d'autres conseils à suivre. On doit donc
regarder cette puissance comme en état d'expectative, et ne pas se presser de former des
conjectures sur ses déterminations à venir.
L'Autriche possède une très grande puissance
militaire : les revers ne la rebutent pas, la
longueur des combats ne l'épuise ni ne la

fatigue ; elle passe dix, vingt ans, sur les champs de bataille, plus robuste qu'épuisée par la lutte, ménageant ses forces pour les faire durer, recommençant où elle avait fini l'année précédente ; mais avec tous ces principes de force résistante, réduite à la défensive contre un ennemi puissant, dévastateur par nature, avide de butin, qu'il faut recevoir dans des provinces fertiles, et qu'il faut aller chercher dans des lieux incultes. Sous tous ces rapports, la partie n'est pas égale entre l'Autriche et la Russie : l'une a tout à gagner et rien à perdre, l'autre a beaucoup à perdre et rien à gagner ; inégalité qui constitue la dépendance, indirecte, il est vrai, mais qui a aussi des effets funestes. Située au loin de la Russie, la France en est entièrement indépendante, et presque autant que l'Angleterre ; mais comme celle-ci, elle est intéressée à la liberté générale. En effet, dans nos sociétés policées, liées entre elles par mille rapports, à quoi servirait une indépendance isolée, et comme insulaire, qui, en suffisant à la liberté individuelle, interdirait toute influence, toute liaison au dehors ? Les *oasis* ne conviennent pas à cette espèce de sociétés ; il faut qu'elles puissent rencontrer des correspondans, des analogues ; en effet à quoi répondraient des libertés qui ne rencontreraient que des esclaves? L'isolement n'est plus l'apanage de nos sociétés, c'est la communication entre elles : proposer de s'isoler, de laisser le fort se jouer, pour ainsi dire, du faible, c'est proposer un anachronisme social ; cela n'est plus de notre temps. Le ministère français l'a soigneusement évité ; il a demandé les moyens d'aider l'Europe, en cas de besoin, et en cela il a bien fait, il s'est montré prévoyant et européen ; il a beaucoup mieux entendu et servi la France et l'Europe, que ne l'ont fait ses opposans. Ce n'est pas tout que de parler de gloire, d'honneur national, et de beaucoup de choses semblables, il faut soutenir ces belles paroles par des réalités. La France, dans cette occasion, a pris une honorable initiative au nom de l'Europe ; elle a préparé des armes pour le secours commun ; on ne peut lui prêter aucune vue ambitieuse dans sa position. Elle revient à l'égard de la Russie, en faveur de l'Europe, au grand rôle qu'elle a joué contre l'Autriche en faveur de l'Allemagne. Cette pensée est bien supérieure à celle qui a été exprimée à la tribune française, quelquefois même avec des formes dures (1) : Tant mieux, a-t-il été dit, que le colosse russe prenne sa direction du côté de l'Orient. Fort bien, mais qui vous a dit que ce torrent ne rebroussera pas vers le Nord et l'Occident; qu'après s'être élargi et avoir ac-

----

(1) Des expressions de dédain, des imputations blessantes, sont soigneusement à éviter dans des discussions publiques, qui se rapportent à de grands intérèts politiques. Offenser ceux dont la coopération est indispensable, est une faute, car on ne dispose pas ainsi les esprits à une réunion dont on ne peut plus se passer. Ainsi, dans le véritable système européen, l'Autriche, l'Angleterre et la France ne font plus qu'*un;* puisque cette vérité est devenue palpable, n'est-ce pas aller contre ce que le besoin de la France elle-même réclame que de jeter des paroles de mépris ou d'insulte sur les ministres qui dirigent ces deux états? A quoi bon dire sans cesse de l'Angleterre que *c'est un peuple mercantile, qui ne fait rien sans calcul personnel,* et vingt choses semblables, qui rappellent *le Moniteur de l'empire.* Est-ce donc que chaque peuple n'est pas à l'égard des autres, dans l'état de nature, poursuivant ses intérêts par les moyens de droit ? Quel peuple, quel état, est tenu de sacrifier ses intérêts à un autre, ou de s'abstenir des avantages qu'il peut légitimement acquérir? Ne voilà-t-il pas un sujet de reproches bien judicieusement choisi, que celui de sa vigilance sur ses intérêts commerciaux, adressé à l'Angleterre? Est-ce donc que le commerce est une chose vile ou immorale? Un peuple est-il tenu

quis des points d'appui vers l'Orient, il ne re-
tombera pas avec un nouveau poids sur les
occidentaux (1)? Que Rome prenne le chemin
des Gaules ou de l'Afrique, disait-on à la
cour de Syrie, tant mieux, elle s'éloigne de

de borner son commerce à un point donné, pour laisser
aux autres le profit du reste? N'est-ce pas le commerce
qui a donné à Fox le droit de répondre, au nom de
l'Angleterre, au consul Cambacérès : L'Angleterre,
monsieur, l'Angleterre, c'est l'univers entier. Tâchons
de tenir une place dans cet univers, et cessons de
trouver matière à provocations contre d'autres, dans
les succès qui leur ont valu la place qu'ils occupent.
Imitons, rivalisons, surpassons, s'il est possible, mais
n'insultons pas. Ces locutions ont de plus l'inconvénient
de prêter des armes aux ennemis du dehors et du dedans,
de les autoriser à rappeler les temps et le langage révolutionnaires, et à persévérer dans des prétentions pré-
judiciables à la fois à la France et à l'utilité générale.

(1) Rien n'est plus propre à fausser les idées que les
transpositions des attributs d'une chose à une autre
qui est d'une nature différente. Ainsi, dans les discussions, on entend comparer les débordemens de la Russie
aux éruptions des volcans, et ses progrès au cours de la
lave qui en découle. Qu'y a-t-il de commun entre ces
deux choses? La lave, matière inerte par elle-même,
se renouvelle-t-elle, prend-elle une nouvelle direction
après s'être portée dans une autre? On fait, par les com-
paraisons, agir la matière comme un être *raisonnant*

nous. Mais quand Carthage et Numance, eurent succombé, put-on prendre le chemin d'Antioche ? Tant mieux, disait la jalouse Étolie, Rome fond sur Persée : celui-ci abattu, que devient l'Étolie ? Il en est de même ici ; se défendre en masse ou périr en détail, voilà désormais toute la science diplomatique

---

calculant, ayant un plan et un but. Raisonner ainsi, c'est tout gâter. Il faut mettre sur la même ligne un autre beau raisonnement, d'après lequel on dirait que les armées russes ressemblent à une somme d'argent, qui, une fois dépensée, ne se renouvelle plus, et laisse vides les mains de celui qui la possédait. Laissez les Russes dépenser leurs armées en Orient, entend-on dire à beaucoup de personnes; comme s'il n'était pas de la nature des armées de se renouveler, comme si les états n'en avaient pas les moyens. La bataille de Cannes empêcha-t-elle Rome de refaire l'armée qui vainquit à Zama. L'Autriche, battue depuis 1792, en avait-elle moins en 1809 cinq cent mille hommes sous les armes ? La bataille de la Moskowa a-t-elle ôté à la Russie les moyens de reformer l'armée qui est venue à Paris, et celle qui marche à Constantinople? L'expérience constante n'a-t-elle pas appris que plus un peuple fait la guerre, plus il peut la faire ? C'est ce qui aurait lieu de la part de la Russie à l'égard de l'Europe. Loin d'être affaiblie par sa guerre d'Orient, elle en reviendrait plus forte contre l'Occident. *Principiis obsta :* cela est aussi vrai en politique qu'en morale; malheu-

de l'Europe. *Amis à Bréda, frères ici, disait à La Haye le chevalier Temple, au grand pensionnaire de With,* proportionnant son langage aux intérêts qui commandaient de resserrer de plus en plus les liens entre l'Angleterre et la Hollande. Il faut faire de même

---

reusement on voit que trop souvent la politique n'est guère mieux traitée que la morale.

D'autres disent : *Eh bien! soit, la Russie est vraiment le fort armé, mais elle n'a pas de finances.* D'accord, si vous entendez par là que les finances de la Russie n'équivalent pas à celles de la France et de l'Angleterre; mais a-t-elle besoin de finances aussi abondantes ? Quels sont les prix respectifs de tous les objets dans ces divers états? Si l'on peut entretenir *trois* soldats russes avec ce que coûte *un* soldat anglais, la Russie n'a plus besoin que du tiers de la finance anglaise. De même pour la marine : un vaisseau anglais coûte autant que quatre vaisseaux russes. Dans l'état actuel, les finances russes suffisent-elles à l'entretien de cette armée, trop juste effroi de l'Europe? La Russie a-t-elle des hommes qui ne coûtent rien à ses finances? a-t-elle des chevaux, du fer, de la toile, du bois, du blé, du bétail en abondance, en un mot, tout ce qui fournit à l'armement et à l'entretien d'une armée? Les armées qui ont le plus conquis avaient-elles des finances? Où était la finance de la Convention, du Directoire et du commencement de l'Empire? Celui qui a le plus de fer ne finit-il point par avoir l'argent des au-

ici : les grandeurs russes ont peuplé l'Europe de frères intéressés à la même cause, et la nécessité a fait ce que toute l'habileté diplomatique n'aurait pu produire. Loin de nous, loin cette politique rancunière qui ne permet pas de proférer le nom de l'Angleterre sans un

---

tres : les riches sont conservateurs, les nécessiteux sont conquérans des jouissances dont ils voient les autres en possession. Mais, ajoutent d'autres quiétistes, laissez la Russie s'étendre, elle se partagera : l'étendue amènera la dissolution. Que l'on montre donc comment se brisera cette masse compacte renfermée dans le grand carré formé par la Vistule, la chaîne des monts qui s'élèvent entre l'Europe et l'Asie, la mer Glaciale et la mer Noire. Laissons là toute la partie asiatique de cet empire; il tiendra encore à la Russie d'Europe pendant des siècles; mais en quoi la scission soulagera-t-elle le continent européen de la pression qu'exerce sur lui la Russie? Aucun état n'est moins susceptible de partage ou de scission que la Russie. Son territoire forme une masse compacte, sans aucune lacune; la religion, les mœurs, le langage, l'obéissance, tout y est identique; le sol n'offre pas de ces barrières naturelles qu'ont la France et l'Allemagne avec la *Loire* et le *Danube*. Au lieu qu'en Russie tout se tient, tout est lié, tout, pour user d'une locution vulgaire, est d'une pièce. Entre les chimères dont on peut aimer à se bercer, pour se dispenser d'agir convenablement à l'égard de la Russie, celle de son partage mérite d'occuper un premier rang.

cortége obligé de paroles envieuses, déprécia-
trices, reprochantes. Il n'y a plus à songer
qu'au bien qu'on attend d'elle, et à oublier le
mal qu'elle a pu faire. Ne lui en a-t-on pas
fait aussi, et quelle utilité aura le temps con-
sumé dans cette hostilité routinière ? quel
amendement apportera au danger commun le
rappel des torts de l'Autriche ? Qu'elle s'en
tire, a - t - on dit, puisqu'elle l'a voulu. So-
bieski ne demanda pas si l'Autriche n'avait
jamais offensé la Pologne, il ne s'informa
point si Léopold serait reconnaissant ou in-
grat ; il vit le danger, il marcha droit à Vienne,
et, dans ses murs, il sauva l'Allemagne. Voilà
le modèle pour les grandes affaires. On a parlé
d'isolement pour la France ; on a dit, en usant
du langage du temps, *Plaçons-nous sur le terrain de la Charte, rentrons dans la Charte,
ne sortons plus de la Charte.* Respect, fidélité,
accroissement à nos institutions, rien de mieux ;
mais la Charte ne sauvera pas Constantinople,
ni la Grèce ni l'Europe ; elle nous donnera
beaucoup, sans doute, mais elle n'ôtera pas à
la Russie un pouce de toute terre qu'elle voudra conquérir et retenir au détriment commun : or, c'est à cela qu'il faut obvier, et
contre quoi il faut se préparer. Si nous avons

tant de peine à défendre la Charte, jugez comme la Charte nous défendrait contre la Russie.

Je ne m'arrêterai pas à l'examen de l'opinion sur le partage de la Grèce; c'est une chimère démentie par la carte de Géographie. La Grèce ne peut être qu'*une*; sa configuration exclut la divisibilité, et dans ce dernier état, à quoi servirait-elle à l'Europe, à ses propriétaires mêmes, sinon à créer des sujets de querelles, là où il n'y en a déjà que trop. La Turquie d'Europe doit rester turque ou devenir grecque depuis le Danube jusqu'à la pointe de la Morée. La raison, la saine politique, ne peuvent pas s'arrêter à une autre combinaison. Dans la supposition d'un partage, la partie continentale de la Grèce serait partagée entre l'Autriche et la Russie, les îles entre la France et l'Angleterre. Mais à quoi répondraient ces accroissemens parallèles? Il y aurait la Turquie de moins et pas une puissance de plus. On sent fort bien comment l'Angleterre, avec sa supériorité maritime, garderait les postes maritimes qu'elle s'attribuerait; mais on voit également comment, avec son infériorité maritime, la France perdrait ceux qui lui seraient attribués : l'une serait un possesseur permanent, et l'autre un possesseur passager, et comme viager. Il y a trop d'inégalité entre les deux puissances maritimes, et toute colonie appartient de droit à la supériorité navale ; c'est l'*a*, *b*, *c*, de cette science. La France ne garderait donc ces possessions que jusqu'à sa première querelle avec l'Angleterre, et alors elle se verrait obligée de les remettre à sa rivale, comme elle a fait pour toutes celles qu'elle a possédées en si grand nombre en Amérique et en Asie. L'Angleterre s'y est portée sa légatrice universelle ; elle reviendrait encore à cette hérédité en Grèce, après avoir laissé à la France le soin de s'établir dispendieusement dans ces colonies, de les fortifier pour les lui remettre ensuite à elle-même dans un état propre à lui en faciliter la possession éternelle. N'est-ce point ainsi qu'a fini toute la colonisation française ? et, dans cet état de choses, est-ce la peine d'y revenir ?

*Résultat de la guerre de l'Orient pour la Grèce.*

Ce résultat peut être de deux espèces ; il dépend en partie de la détermination de la Turquie, et de l'issue que la guerre aura pour elle. Chose singulière ! il peut arriver que la Turquie, bien contrairement à ses intentions, contribue elle-même à la formation du grand état grec, que réclament les besoins de l'Europe. Cela dépendra de la manière dont elle conduira la guerre, soit comme constance, soit comme habileté et virilité. Si les faits répondent aux apparences, et que, brisé au premier choc, cet empire si précieux aux yeux de la diplomatie, se montre tel qu'il est, c'est-à-dire un cadavre incapable de reprendre vie, il est possible que de cette épreuve de sa faiblesse il sorte enfin une heureuse lumière qui éclaire les cabinets, et qui les porte à renoncer à une illusion qu'ils ont caressée trop long-temps. Mais en écartant cette hypothèse, comme trop favorable et trop éloignée de l'esprit actuel de la diplomatie européenne, la guerre actuelle ne peut manquer d'assurer la liberté de la Grèce, telle que l'on a en vue de la former. Ce résultat arrivera par la paix comme par la guerre, et par la guerre comme par la paix. En effet, en cas de paix, les trois puissances la feront reconnaître ; en cas de guerre, elles expulseront les Turcs du territoire grec. Les Turcs, occupés à défendre Constantinople, n'auront pas de forces disponibles contre la Grèce ; les alliés forceront Ibrahim-Pacha à retourner en Égypte, ou bien ils le chasseront les armes à la main. S'il s'élève vers le nord de la Grèce, pour joindre son corps d'armée à celle des Turcs, alors la Morée est abandonnée par les Turcs, et les Grecs s'y établissent sans coup férir. Le même résultat a lieu, si Ibrahim évacue la Morée, en conséquence de quelque arrangement fait à Alexandrie, et il n'a rien de mieux à faire ; le résultat est le même, la libération de la Morée. Une liberté quelconque est donc assurée à la Grèce ; c'est le fruit du traité du 6 juillet, et de la bataille de Navarin. Si Ibrahim avait reçu et conservé intacts les renforts envoyés par son père, la ruine de la Grèce était consommée ; elle ne pouvait rien opposer au développement des forces qui allaient l'assaillir. Heureusement le traité de Pétersbourg lui avait assuré des vengeurs ; le grand coup frappé à Navarin a brisé l'arme qui menaçait la Grèce. Si tout le bien ne se fait pas à son égard, du moins les grands maux auront pris un terme ; et si l'on n'a pas à célébrer un triomphe complet, il y aura à remercier pour les consolations données : du moins, comme a dit le comte Lainé, la conscience du genre humain aura reçu quelques apaisemens.

# POST-SCRIPTUM.

Les écrits politiques ne sont pas sujets aux mêmes rigueurs que les ouvrages d'imagination, ou que ceux qui sont seulement des produits de l'esprit : dans ceux-ci, le sujet doit être envisagé dans son ensemble, et développé dans toutes ses parties. Là, il y a des bornes certaines et fixes, qui sont celles mêmes du sujet, en-deçà et au-delà desquelles on ne doit pas rester. Il n'en est pas de même des écrits politiques qui ont pour objet des faits particuliers : tant que ceux-ci ne sont pas arrivés à leur terme nécessaire, l'écrit qui en traite est susceptible d'additions. En tout, le succès est un favorable apologiste, très propre à concilier la confiance. Quand les évènemens justifient les prédictions, ils servent de garantie pour la justesse de ces annonces, et pour celle des théories renfermées dans l'ouvrage même ; c'est ce qui nous porte à joindre un *post-scriptum* à celui-ci. Le sujet en est trop important pour

que nous n'ayons pas le désir de le développer
jusqu'au terme que l'impression même de cet
écrit nous permet d'atteindre , et de lui concilier par ce rapprochement des annonces qu'il
contient avec leur accomplissement, la confiance propre à faire adopter les vues qu'il renferme. Depuis six ans que nous avons commencé à écrire sur les affaires de la Grèce,
nous n'avons pas cessé d'énoncer la certi-
tude d'une guerre entre la Russie et la Turquie , malgré la persévérance des efforts des
cabinets pour l'écarter. Le traité d'Ackermann
ne nous a jamais paru qu'un ajournement qui
cachait pour un peu de temps une explosion
inévitable. Ce traité même , eût-il été conclu
avec sincérité par la Turquie, n'atteignait pas
le fond du litige toujours subsistant entre les
deux états : celui-ci est dans la nature des
choses , c'est-à-dire dans le poids dont la Russie pèse sur la Turquie. Depuis cent ans, la
première s'avance vers la seconde ; elle gran-
dit, et la Turquie décroît. Tant que, de part
et d'autre, on a été à distance, le fardeau a
été supportable : rapproché au point où il est
aujourd'hui, il est devenu accablant. C'est pour
le secouer, c'est par le sentiment des maux qu'il
cause, que le Sultan s'est insurgé : tout son ma-

nifeste se réduit à ces simples mots : La Russie m'écrase, je ne puis plus rester dans cet état d'oppression. C'est dans cette généralité de vue qu'il faut envisager cette question : qu'on apaise la querelle présente, demain par les mêmes causes il en naîtra une autre. C'est l'histoire des trois guerres puniques se succédant, malgré toutes les solennités pacifiques, parce qu'il y avait quelque chose au-dessus de celles-ci, l'incompatibilité naturelle de Rome et de Carthage. Dans tous nos écrits antérieurs, comme dans celui – ci, nous nous sommes attachés à faire ressortir la faiblesse, l'impuissance, la nullité de l'empire Ottoman. L'épreuve était faite par l'impossibilité où il s'était trouvé de réduire les Grecs, que trois mille soldats européens eussent soumis ou exterminés. La guerre actuelle complète la démonstration de cet affaissement de la Turquie ; elle n'a pas pu montrer une armée digne de ce nom : quelques-unes de ses places se sont défendues, d'autres ont ouvert les portes. Les Turcs se battent bien à l'abri des murailles ; c'est l'usage des Orientaux, des Africains et des Espagnols ; mais en rase campagne, incapables de mouvemens réguliers, ils ne tiennent pas, et leur retraite est toujours une déroute.

Comme nous l'avions dit, l'armée russe est assez forte pour faire à la fois les siéges, les blocus, et pour marcher en avant; c'est ce qu'elle exécute en ce moment : par les siéges et la prise des villes, cette armée s'ouvre un large passage et s'assure des communications et une retraite en cas de malheur. Tout est difficile dans un pareil pays, que l'incivilisation a presque réduit à l'état sauvage. Aussi avance-t-on lentement, mais solidement. La flotte de Sébastopol, commandée par un Anglais, l'amiral Greig, appuie les opérations de la grande armée, et entretient l'abondance parmi elle, en protégeant l'arrivée des convois. Cette flotte peut se porter sur tous les points de la côte de la mer Noire, soit en Asie, soit en Europe; elle peut jeter des troupes sur les derrières de la position de Schumela, dont les Turcs font des Thermopiles, mais qui, en eux, ne reverront plus de Léonidas. C'est lorsque l'armée russe approchera de Constantinople, que se révélera toute l'importance de la possession de la côte septentrionale de la mer Noire par la Russie ; c'est alors que l'on connaîtra l'étendue des avantages qu'elle lui donne sur la Turquie. Il a été dit que le Sultan s'était mal à propos flatté de mettre ses sujets en mouvement au nom de la religion ; celle-ci a perdu en Turquie ses anciens stimulans, comme elle lés a perdus à peu près partout. Les guerres saintes ne sont plus de notre âge ; partout on a bien de la peine à faire des soldats avec les exigences de lois sévères ; le Grand-Turc n'a pas trouvé beaucoup de *volontaires* disposés à se faire tuer pour l'honneur du Prophète : le drapeau de celui-ci, jadis fort révéré, a perdu sa vertu, comme les anciens oriflammes ont perdu la leur. Le Sultan est réduit à se faire des défenseurs avec les hommes ramassés dans les égouts de la capitale, ou fournis par de minces contingens asiatiques. Si l'armée russe peut aborder cette masse incohérente, on verra ce qu'est cette populace armée, sans discipline, sans honneur, sans chefs expérimentés, sans plans calculés, en un mot, sans rien de ce qui constitue une armée capable de défendre un état.

Une nouvelle flotte russe a franchi le Sund et cingle vers l'Archipel. Va-t-elle relever la flotte qui y est entrée depuis un an, ou bien la renforcer ? Cette addition formerait une complication nouvelle dans une affaire qui déjà en est beaucoup chargée.

Après beaucoup de tâtonnemens, une expédition française est résolue, et doit partir de Toulon. Là se trouvent deux choses que nous avions annoncées : 1° que la Morée serait remise à la Grèce, soit par l'évacuation volontaire qu'en ferait Ibrahim, soit par son expulsion. La voie du blocus ayant paru insuffisante ou trop longue, on a recours à la force. L'emploi de ce moyen a sûrement été précédé par des négociations à Alexandrie, pour amener le pacha à rappeler son fils; elles ont dû rester infructueuses, puisque dans ce moment on doit agir à main armée; ainsi la libération de cette partie de la Grèce est assurée, et le traité du 6 juillet sera rempli. Les Turcs sont trop occupés du côté du Danube pour porter secours à celui qui s'était sacrifié pour venir au leur. Encore quelque temps, et il ne sera plus question d'Ibrahim-Pacha, ni de cette déportation vraiment singulière de Nègres et d'Arabes dans une contrée de l'Europe. 2° Il était bien évident que toute expédition sur le continent de la Grèce retomberait à la charge de la France; c'est la nécessité de son alliance avec deux puissances assez fortes pour donner des ombrages à tout le monde. Cette théorie a été développée dans un ouvrage antérieur(1),

______

(1) *Existence de l'Europe à l'égard de la Grèce*, par

au sujet des garanties à donner au nouvel état de la Grèce. La France seule peut en être chargée, précisément parce qu'elle est la plus faible des parties alliées. Quant à l'avenir, il dépend absolument de la volonté de l'empereur de Russie. Il paraît qu'à Londres et à Vienne on attend avec un égal stoïcisme ce que ce prince fera, ce qu'il annoncera de projets à venir, ce qu'il pourra rencontrer d'obstacles, en un mot, il semble qu'un système d'expectative générale est enraciné dans les cabinets, en les livrant à la merci des évènemens, placés qu'ils sont en arrière d'eux et non pas en avant, quoique ce soit là leur place naturelle.

En Europe, aujourd'hui, la scène politique est occupée par la Russie; tout le reste est comme au parterre, attentif aux mouvemens de l'acteur principal, et réglant son action propre sur la sienne. Ce n'est un poste ni de dignité ni de sûreté. Les états, comme les individus, augmentent leurs forces en les exerçant. La Russie fait plus que compenser les pertes inévitables de la guerre, par l'instruction que ses armées acquièrent, et par les avantages dont elle va s'assurer. Si le grand-visir

---

M. de Pradt. 1 vol. in-8°; prix : 5 fr. Chez Pichon et Didier, libraires, quai des Augustins, n° 47.

a, comme on l'a dit, cherché à tempérer la douleur du Sultan pour la prise de Braïlow, par l'exposé du grand prix auquel les Russes ont acheté cette conquête, il n'a fait que parodier la manière dont *Olivarès* annonça la révolution du Portugal à Philippe IV. Mais les détours dictés par la crainte ou par la flatterie, toujours en usage dans les cours, n'arrêteront pas plus la marche des Russes, qu'ils n'arrêtèrent les progrès insurrectionnels qui ont placé sur le trône la maison de Bragance. Dans le cours de la guerre de la révolution, les Autrichiens, continuellement battus dans la Belgique et sur le Rhin, disaient par forme de consolation et d'excuse pour leurs malheurs, enfans de leurs maladresses : *Nous verrons dans les états héréditaires; c'est là que nous les attendons.* Combien de fois ceux qui les avaient vaincus hors de ces états héréditaires, ont-ils su en trouver le chemin? et à Austerlitz, à Wagram, à Znaim, qui était maître dans les états héréditaires. Dans peu, on verra qui sera le maître en Europe, quand d'un côté l'on aura agi, et quand de l'autre on se sera borné à observer. Dans les cabinets, cela s'appelle de la sagesse, de la mesure ; dans l'Histoire, cela portera un autre nom.

FIN.

# TABLE DES MATIÈRES.

Pages

Préface. . . . . . . . . . . . . . . . . . . .    v

## PREMIÈRE PARTIE.

Chap. I<sup>er</sup>. Les deux maîtres en Europe. Formation
systématique de leur puissance : sur
mer, par l'Angleterre ; sur terre , par
la Russie. . . . . . . . . . . . . . . . .    1

II. Tendance de la Russie vers la guerre. . . .    21

III. Moyen indirect de pouvoir de la part
de la Russie. . . . . . . . . . . . . . .    27

IV. Formation de l'Europe occidentale par
rapport à la Russie ; sa force et sa faiblesse. . . . . . . . . . . . . . . . . .    29

V. L'Angleterre, par rapport a la défensive
de l'Europe. . . . . . . . . . . . . . .    34

VI. La France par rapport à la Russie. . . .    39

VII. Le Danemarck et la Suède par rapport
à la Russie. . . . . . . . . . . . . . .    43

VIII. Puissances prépondérantes en Europe. .    49

IX. Système permanent de l'Europe à l'é-
gard de la Russie. . . . . . . . . . . .    52

X. Tendance du gouvernement russe vers
le midi de l'Europe. . . . . . . . . . .    57

Pag.

Chap. XI. Tendance du commerce russe vers le midi de l'Europe. . . . . . . . . . . . . . .   65

XII. Mode de la prépondérance de la Russie sur l'Europe. . . . . . . . . . . . . .   70

XIII. Mot de Napoléon sur la Russie et l'Europe . . . . . . . . . . . . . . . . . . .   75

XIV. L'Europe imposée par la Russie. . . . . .   78

## SECONDE PARTIE.

1°. Affaire de l'Orient. Ses diverses phases. . . . .   83

2°. Forces relatives de la Russie et de la Turquie.   86

3°. Complication de la guerre d'Orient. . . . . . . .   96

4°. Manifeste russe. . . . . . . . . . . . . . . . . . .   102

5°. Système de l'Europe à l'égard de la Russie, dans la guerre actuelle. . . . . . . . . . . . .   112

6°. Comparaison de la Turquie avec la Grèce par rapport à l'Europe. . . . . . . . . . . . . . . .   117

7°. L'Angleterre, la France et l'Autriche dans le système européen créé par les grandeurs de la Russie. . . . . . . . . . . . . . . . . . . . . . .   122

8°. Résultat de la guerre d'Orient pour la Grèce.   138

Post-Scriptum. . . . . . . . . . . . . . . . . . . . . .   141

FIN DE LA TABLE DES MATIÈRES.

# DE PICHON ET DIDIER,

LIBRAIRES-COMMISSIONNAIRES POUR LA FRANCE ET L'ÉTRANGER,

## Quai des Augustins, n° 47.

*Publications nouvelles.*

**MÉMOIRES SUR LES CENT JOURS**, par M. Benjamin Constant. Nouvelle édition (sous presse). 1 volume in-8. Prix : 7 fr.

**LE NOUVEAU PARFAIT NOTAIRE**, ou Manuel théorique et pratique des notaires; par deux avocats à la Cour royale, anciens maîtres-clercs. 2 vol. in-8. Paris, 1828. Prix : 12 fr.

**TRAITÉ ÉLÉMENTAIRE DE LA PROCÉDURE CIVILE**, par L.-F. Auger : ouvrage utile aux jeunes gens qui travaillent chez l'avoué ou l'huissier, et généralement à toutes les personnes qui se livrent à l'étude de la procédure. 1 fort vol. in-8. Paris, 1828. 7 fr.

**DES LACUNES ET DES BESOINS DE LA LÉGISLATION FRANÇAISE**, en matière civile et en matière criminelle, ou du défaut de sanction dans les lois d'ordre public; précédé d'observations sur le Jury en France; par M. J.-M. Legraverend. 2 volumes in-8; nouvelle édition. Paris, 1828. 12 fr.

**DICTIONNAIRE DES RIMES**, suivi d'un Traité de versification, par P.-A. Lemare, auteur du Cours de Langue française et de Langue latine, etc. 1 gros vol. in-8. Paris, 1828. 9 fr.

**CONSEILS DE MORALE**, ou Essais sur l'Homme, les Caractères, le Monde, les Femmes, l'Éducation, les Mœurs, etc., ouvrage inédit, par M᷆ᵐᵉ Guizot, précédé

d'une Notice, et publié par M. Guizot. 2 vol. in-8. Paris,
1828.                                                    14 fr.

**MÉMOIRES SUR LA RÉVOLUTION FRANÇAISE**, par
Buzot, député à la convention nationale; précédés d'un
précis sur sa vie, et de recherches historiques sur les Gi-
rondins, par M. Guadet. 1 vol. in-8 de 500 pages. Paris,
1828.                                               6 fr. 50 c.

**COURS DE L'HISTOIRE DE LA PHILOSOPHIE**, par
M. Cousin, en 13 leçons et une Table, formant un fort volume in-8, orné du portrait de l'auteur.              11 fr.

**COURS DE LITTÉRATURE FRANÇAISE**, par M. Vil-
lemain, en 15 leçons et une Table, formant un fort volume in-8, orné du portrait de l'auteur.              11 fr.

**COURS D'HISTOIRE MODERNE**, par M. Guizot, en 14
leçons et une Table, formant un fort volume in-8, orné
du portrait de l'auteur.                              11 fr.

**COURS DE CHIMIE GÉNÉRALE**, par M. Laugier, pro-
fesseur de Chimie à l'École de Pharmacie de Paris et au
Jardin du Roi, en 54 leçons, à 50 cent., qui formeront
3 forts volumes in-8.

**COURS DE CHIMIE**, comprenant l'histoire des sels et la
Chimie animale et végétale, par M. Gay-Lussac, en 35 leçons, formant 2 forts volumes in-8.                   18 fr.

**COURS DE L'HISTOIRE NATURELLE DES MAMMI-
FÈRES**, par M. Geoffroy Saint-Hilaire, en 40 leçons,
qui formeront 5 volumes in-8. Prix de chaque leçon : 60 c.

**COURS DE CHIMIE APPLIQUÉE A LA TEINTURE**,
par M. Chevreul, directeur des teintures des Manufactures
royales, en 60 leçons. Prix de chaque leçon :         75 c.

**MÉMOIRES RELATIFS A LA RÉVOLUTION D'AN-
GLETERRE**, accompagnés de notices et d'éclaircissemens
historiques; par M. Guizot, 25 vol. in-8. Prix de chaque
volume :                                               6 fr.

Cet ouvrage est terminé.

9 782019 227760